Rudolf Günther

Die indische Cholera in Sachsen im Jahre 1865

Rudolf Günther

Die indische Cholera in Sachsen im Jahre 1865

ISBN/EAN: 9783742890153

Hergestellt in Europa, USA, Kanada, Australien, Japan

Cover: Foto ©Thomas Meinert / pixelio.de

Manufactured and distributed by brebook publishing software
(www.brebook.com)

Rudolf Günther

Die indische Cholera in Sachsen im Jahre 1865

Die

indische Cholera in Sachsen

im Jahre 1865.

Auf Grund amtlicher Mittheilungen und eigener Wahrnehmungen

dargestellt von

Dr. Rudolf Günther

in Zwickau,

Medicinalrath, ärztlichem Mitgliede der königlichen Kreisdirection, Gerichtsarzt bei dem königlichen Appellationsgericht, Mitglied mehrerer gelehrter Gesellschaften, Ehrenmitglied des Norddeutschen Apothekervereins, Ritter des königlich sächsischen Civilverdienstordens.

Mit einem Atlas,

enthaltend 1 Karte, 5 Stadtpläne, 2 Dorfpläne und 11 Tabellen.

Leipzig:

F. A. Brockhaus.

1866.

Vorwort.

Trotz der geringen Zahl von Opfern, welche die indische
Cholera bei ihrem Auftreten in Deutschland im Jahre 1865 gefordert hat, bietet doch die kleine Epidemie in theoretischer wie in
praktischer Beziehung so viel des Belehrenden, dass es mir un-
recht zu sein schien, das in den Acten befindliche Material dem
ärztlichen Publikum vorzuenthalten, weshalb ich mich der Mühe
unterzogen habe, dasselbe zu ordnen und zusammenzustellen, um es,
wie hiermit geschieht, der Oeffentlichkeit zu übergeben. Der geringe
räumliche Umfang des befallenen Terrains sowol als meine amt-
liche Stellung, vermöge welcher ich die in dem hiesigen Regierungsbezirke angeordneten sanitätspolizeilichen Vorkehrungen zu leiten
und zu überwachen hatte, machten mir es möglich, einen ziemlich
genauen Einblick in die dabei obwaltenden Verhältnisse zu ge-
winnen. Trotzdem würde es mir nicht gelungen sein, die mir ge-
stellte Aufgabe auch nur annähernd zu lösen, wenn ich mich nicht der
Unterstützung zahlreicher Collegen und Behörden, weltlicher wie
kirchlicher, zu erfreuen gehabt hätte, die mit liebenswürdigster Be-
reitwilligkeit in ebenso erschöpfender wie einsichtsvoller Weise die
ihnen vorgelegten Fragen beantwortet und mir sonst jede gewünschte
Auskunft ertheilt haben, wofür ich Allen zu dem innigsten Dank
verbunden bin.

Die Angaben über das Auftreten der Cholera im Herzogthum Sachsen-Altenburg verdanke ich der Gefälligkeit der altenburgischen Aerzte, insbesondere den Herren Geh. Medicinalrath Dr. Göpel, Bezirksarzt Dr. Geutebrück und Dr. Rothe, sämmtlich in Altenburg, dem Herrn Professor Bruhns in Leipzig den Nachweis über die einschlagenden meteorologischen Verhältnisse, Herrn Geh. Bergrath Professor Dr. Naumann in Leipzig die geognostischen Notizen.

Die Beigabe der colorirten Karten, Stadtpläne und graphischen Tabellen in einem Atlas, welche nach meinem Dafürhalten ganz wesentlich zur bessern Veranschaulichung der Verhältnisse beitragen, ist nur durch die Unterstützung des königlich sächsischen Ministeriums des Innern ermöglicht worden, welchem ich dafür meinen ehrerbietigsten Dank hiermit abstatte.

Zwickau, im Juli 1866.

Dr. Günther.

Inhalt.

Erstes Kapitel.

Entstehung, Verbreitung, Dauer und Intensität der Cholera.

Erster Abschnitt.

In den epidemisch ergriffenen Orten.

Zweiter Abschnitt.

Entstehung, Verbreitung, Dauer und Intensität der
Cholera in den Orten mit Hausepidemien und einzelnen Fällen.

Dritter Abschnitt.

Zweites Kapitel.

Drittes Kapitel.

Sanitätspolizeiliche Vorkehrungen.

Anhang I.

Anhang II.

Inhalt des Atlas.

Einleitung.

Das einzige deutsche Gebiet, welches im Jahre 1865 von der indischen Cholera heimgesucht wurde, liegt zwischen 50° 36′ und 51° 20′ nördl. Br., 29° 45′ und 30° 25′ östl. L. und umfasst einen Raum von ungefähr 37⅔ geogr. Q. M. *) In politischer Beziehung gehört dasselbe zum grössern Theile dem Regierungsbezirk Zwickau, der grössten, und am dichtesten bevölkerten Provinz des Königreichs Sachsen, zum kleinern dem Ostkreise des Herzogthums Sachsen-Altenburg an; einzelne Cholerafälle mit tödlichem Ausgange sind im Regierungsbezirk Leipzig, im Neustädter Kreise des Grossherzogthums Sachsen-Weimar, im Fürstenthum Reuss ältere Linie vorgekommen.

In orographischer Hinsicht steigt das Terrain aus einer Ebene von circa 300 Fuss Meereshöhe in wellenförmigen Terrassen allmählich in südöstlicher Richtung bis zur mittlern Flurhöhe von 1300 Fuss an. Während die Gegend zwischen Leipzig und Altenburg dem Tieflande angehört, welches sich bis zur preussischen Grenze erstreckt, und über dieselbe hinaus in die grosse märkische Tiefebene verläuft, liegen die Orte Werdau, Glauchau und Zwickau in dem erzgebirgischen Bassin, am Fusse des an der Südgrenze des Regierungsbezirks Zwickau sich hinziehenden Erzgebirges, eines zusammenhängenden Kammes von circa 7 Meilen Länge und 2500 Fuss mittler Kammhöhe, die in dem südlich von Annaberg gelegenen Centralgebirge auf 3000 Fuss und darüber ansteigt (der höchste sächsische Punkt des Erzgebirges, der Fichtelberg, misst 3708, der nahe böhmische Keilberg 3812 par. Fuss), von da sich nach beiden Seiten allmählich erniedrigt und weiterhin nach Westen in einer Höhe von 1800 — 2000 Fuss, das

---

*) Vgl. Atlas, Taf. I.

Günther, Cholera in Sachsen. 1

Quellgebiet der Weissen Elster und Saale enthaltend, zum Fichtelgebirge nach Baiern fortsetzt. Der Abfall des Erzgebirges, welches sich nach böhmischer Seite jäh von der höchsten Kammhöhe in 1 bis 2 Meilen nach den ein bis anderthalb tausend Fuss tiefer gelegenen, dem Gebirge parallel laufenden Thälern der Eger und Biela herabstürzt, ist auf sächsischer Seite ein so allmählicher, dass jene Tiefe durchschnittlich erst in einer Entfernung von 5—6 Meilen bei Chemnitz und Zwickau erreicht wird. Nördlich von dieser Gegend ist eine schwache von Glauchau nach Lommatzsch dem Erzgebirge parallel laufende Wiedererhebung (sächsisches Mittelgebirge) und abermals 4 Meilen nördlich davon eine gleiche noch schwächere zwischen Borna und Oschatz (Oschatzer Gebirge) wahrzunehmen. Diese drei parallelen Höhenzüge bilden zwischen sich zwei Bassins, von denen das obere erzgebirgische als die Lagerstätte der reichsten sächsischen Steinkohlenflötze bekannt ist. In der Nachbarschaft des Gebirges verlaufen die Grenzen der Höhenzonen ziemlich genau parallel mit demselben, nur ausgebuchtet durch die von Norden eindringenden Thäler, hauptsächlich der Weissen Elster, der Zwickauer Mulde und des Schwarzwassers, der Zschopau und Flöha. Eine Linie von Plauen über Zwickau-Chemnitz-Freiberg nach Dresden begrenzt ungefähr das Gebiet von 1200 Fuss Höhe.

Elsterberg liegt in dem sächsischen Voigtlande, einem wellenförmigen etwas eingesenkten Hochlande, welches das Mittelglied bildet zwischen dem Erzgebirge und dem Frankenwalde jenseit der Saale.

In geognostischer Beziehung ist im allgemeinen zu erwähnen, dass das eigentliche Tiefland zum grössten Theile aus Alluvium besteht. Bei Leipzig dringt die Braunkohlenformation von Altenburg her bis in die Gegend von Grimma ein. Die vorherrschende Formation des erzgebirgischen Bassins ist das Rothliegende mit dem Steinkohlengebirge. Dasselbe dehnt sich zwischen Chemnitz, Hohenstein, Glauchau, Crimmitzschau, Werdau, Zwickau, Niederwürschnitz und nach Osten in schmälern Ausläufern nach Frankenberg und Hainichen zu aus. Zechstein kommt bei Crimmitzschau vor; Elsterberg gehört, wie der grössere Theil des Voigtlandes überhaupt, der Region des Thonschiefers an.

Die fliessenden Gewässer in dem befallenen Terrain ergiessen sich ohne Ausnahme mittelbar in die Elbe und gehören zum unmittelbaren Gebiete der Mulde und der Weissen Elster.

Das Gebiet des zweitgrössten sächsischen Flusses, der flössbaren
Mulde, in der Nähe ihres Austrittes aus Sachsen nur etwa zwei
Meilen breit, erweitert sich nach dem Quellgebiete zu fächer-
förmig bis zu einer geradlinigen Ausdehnung von 13 Meilen am
Nordabhange des Erzgebirges. Ziemlich die äussersten Glieder
des Flussnetzes bilden die beiden Quellarme der Mulde selbst,
von denen der westliche, die Zwickauer Mulde, in einer Höhe
von 2320 Fuss im obern Muldenteiche bei Kottenheide zwischen
Schöneck und Klingenthal entspringt, und nach einem, auch dem
vereinigten Flusse verbleibenden, in der Hauptsache nördlichen
Laufe, der nur im obern Theile erst östlich nach Aue, dann
westlich nach Zwickau eine Sförmige Abbiegung erleidet, 17 Meilen
von ihrer Quelle entfernt und 383 Fuss über der Nordsee sich bei
Sermuth unterhalb Colditz mit der 13½ Meilen langen Frei-
berger Mulde vereinigt, die ihrerseits in Böhmen oberhalb
Rechenberg entspringend, in einer Höhe von 2030 Fuss die sächsische Grenze betritt. Die vereinigten Mulden laufen, bei Grimma
und Wurzen vorüber, noch 6 Meilen auf sächsischem Gebiete,
treten dann in einer Höhe von 308 Fuss auf preussisches über
und münden unterhalb Dessau im Anhaltischen in die Elbe.

Die Weisse Elster entsteht aus mehreren Bächen, von
denen die kleine Elster 2000 Fuss hoch 1½ Meile oberhalb Bad
Elster im Böhmischen entspringt, sich bei Adorf mit der von
Osten kommenden grossen Elster vereinigt, etwas oberhalb Greiz
in das Reussische übertritt, jenseits der Grenze den Hauptfluss
des östlichen Voigtlandes, die Gölzsch, aufnimmt und nach längerm
Laufe durch thüringisches und preussisches Gebiet oberhalb Pegau
die sächsische Grenze wieder überschreitet. Hier nimmt sie unterhalb Leipzig die unweit Zwickau entsprungene bereits mit der
Wyhra vereinigte Pleisse und durch diese die Parthe auf, indem
alle drei zusammen ein eigenthümlich verwickeltes Flussnetz bilden,
und ergiesst sich, nachdem sie oberhalb Schkeuditz das sächsische
Gebiet wieder verlassen, nach 26 Meilen langem Laufe in einer
Meereshöhe von 241 Fuss oberhalb Halle in die Saale; ein bei Lin-
denau unweit Leipzig abgetrennter Arm, die Luppe, vereinigt sich
nach fortwährend mit dem Hauptflusse parallelen Laufe schon eine
Meile oberhalb mit der Saale.

Die durchschnittliche Temperatur des Winters beträgt
in dem befallenen Terrain

— 0,7,

.die des Frühlings: + 6,2,

„ „   Sommers: + 13,2,

„ „   Herbstes: + 6,6,

die durchschnittliche jährliche Regenmenge 23 par. Zoll, die mittlere Windrichtung ist SW.

Die Einwohnerzahl hat im Regierungsbezirk Leipzig in den Jahren 1834—1864 um 67,46 %, im Regierungsbezirk Zwickau um 58,68 % zugenommen; in letzterm kommen jetzt auf 10000 Acker 10361 Seelen, in ersterm 8311; der Procentantheil der Stadtbevölkerung stellt sich im Regierungsbezirk Leipzig auf 11,43, im Regierungsbezirk Zwickau auf 41,28.

Als durchschnittliche Dichtigkeit der Bevölkerung in den Wohngebäuden ergibt sich für das ganze Königreich Sachsen bei 236416 bewohnten Gebäuden für jedes Wohngebäude eine Durchschnittszahl von 9,69, in den Städten 14,7, auf dem Lande 8,0 Seelen.

Die absolute Zahl der in den Jahren 1861—1864 im Regierungsbezirk Leipzig vorgekommenen

Geburten beträgt 63578

die der Gestorbenen „   43815.

Die absolute Zahl der in demselben Zeitraume in dem Regierungsbezirk Zwickau vorgekommenen

Geburten beträgt 122149

die der Gestorbenen „   78499.

In den Jahren 1862 —1864 kam im ganzen Königreich Sachsen 1 Gestorbener auf Lebende

(nach der Bevölkerungszahl von 1861)

1862 = 35,35

1863 = 33,45

1864 = 32,58.

In Betreff der Bodencultur ist zu erwähnen, dass der Wald, welcher in Sachsen den grössten Theil der nicht zur Landwirthschaft und dem Gartenbau dienenden Fläche einnimmt, im leipziger Regierungsbezirk 21,6 %, im zwickauer 39,6 % des gesammten Waldbodens ausmacht, während er im Ostkreise des Herzogthums Altenburg ungefähr den fünften Theil der Oberfläche des gesammten Areales (circa 84,993 altenburgische Acker — 25 altenburgische Acker = 29 sächsische Acker —) bedeckt. Im südlichen und höhern Theile des Ostkreises finden sich die Uebergänge zu

den im Regierungsbezirk Zwickau vorherrschenden Nadelholzwal-
dungen: im nördlichen Theile des Terrains überwiegt das Laubholz,
namentlich begleiten ausgedehnte Laubwaldungen, insbesondere
Eichen nnd Buchen die Weisse Elster und deren Nebenflüsse in
ihrem untern Laufe.

Die landwirthschaftlich benutzte Fläche (Acker, Garten,
Wiese und Weideland) zusammen 1,771758 Acker oder ziemlich zwei
Drittheile des gesammten Areales des Königreichs Sachsen dar-
stellend, vertheilt sich auf die Regierungsbezirke

Dresden mit 522171 von 784573
Leipzig „ 478921 „ 641035
Zwickau „ 450442 „ 842039
Budissin „ 290224 „ 442883.

Der eigentliche Ackerboden im Königreich Sachsen, durchschnittlich $50\frac{1}{3}\%$, beträgt im leipziger Regierungsbezirk fast 62 %,
im zwickauer nur $40\frac{3}{4}\%$ des Gesammtareales; im altenburger
Ostkreise bedeckt das Ackerland zwei Drittheile des Gesammtareales.

Der Ertrag des Ackerbodens in den Jahren 1856—1860 war
im Regierungsbezirk Leipzig

	an Weizen	Roggen	Gerste	Hafer	Kartoffeln
per Acker: Scheffel:	12,4	13,5	15,5	23,4	100,1

im Regierungsbezirk Zwickau

per Acker: Scheffel:	12,1	12,5	14,6	19,2	85,1.

Die zahlreichste Klasse unter der Bevölkerung des Königreichs Sachsen bilden die Gewerbtreibenden. Zu ihnen gehörten im Jahre 1861 von 2,225240 Einwohnern (mit den unselb-
ständigen Angehörigen) 1,248677, während im Ackerbau 559013,
im Handel und Verkehr 172946, in wissenschaftlichen und künst-
lerischen Berufen, sowie im öffentlichen Dienste (soweit er nicht
gewerblicher Natur) und Privatdienste zusammen 152736 Personen
beschäftigt waren, 91868 aber ohne Beruf gefunden wurden. Von
der Gesammtzahl der industriellen Selbstthätigen, 597112, incl.
der im Bergbau und Hüttenwesen Beschäftigten, kamen

auf den zwickauer Regierungsbezirk 277314
„ „ dresdner „ 120431
„ . „ leipziger „ 105800
„ „ budissiner „ 93567
während von den Selbstthätigen in Land- und Forstwirthschaft
(302283)

auf den zwickauer Bezirk 81404

„ „ dresdner „ 92157

„ „ leipziger „ 77605

„ „ budissiner „ 51117 kommen.

Im altenburger Ostkreise ist das landwirthschaftliche Gewerbe der Mittelpunkt der ganzen Gewerbthätigkeit.

Die hervorragendste Gruppe der In d u s t r i e bildet die Textilindustrie, in den befallenen Gegenden des Regierungsbezirks Zwickau namentlich Baumwollspinnerei und Weberei.*)

*) Vorstehende Angaben sind dem „Staatshandbuche für das Königreich Sachsen 1865/1866, herausgegeben vom statistischen Bureau im k. Ministerium des Innern" und den „Nachrichten über den Bezirk des Kreisamtes Altenburg" entnommen.

Erstes Kapitel.

Entstehung, Verbreitung, Dauer und Intensität der Cholera.

Erster Abschnitt.

In den epidemisch-ergriffenen Orten.

1. Altenburg.

Altenburg *), die Haupt- und Residenzstadt des Herzogthums Sachsen-Altenburg, mit 1359 bewohnten Gebäuden und 17966 Einwohnern, liegt 591 par. Fuss über dem Meere, an einem für gewöhnlich kleinen, mitunter aber gewaltig anschwellenden und über sein Ufer tretenden Bache, die blaue Flut oder der Stadtbach genannt, welcher in Rasephas mit dem deutschen Bache sich vereinigend, eine Zeit lang parallel dem Gerstenbache fliesst, bevor er sich — bei Knau — in diesen ergiesst. Der Boden von Altenburg bietet in jeder Hinsicht verschiedenartigen Wechsel dar, wie in dem Aufsatze von Pettenkofer „Die sächsischen Choleraepidemien des Jahres 1865" **), S. 81 fg., ausführlicher beschrieben worden. Hier sei nur so viel erwähnt, dass die Hauptmasse des Untergrundes von Altenburg von Alluvialsand und Lehm gebildet wird, die auf Porphyrit — quarzfreiem Porphyr, welcher die tiefste und älteste der daselbst bekannten Gesteinsablagerungen bildet — aufliegen, und zahlreiche Erhebungen und Senkungen, Hügel, Mulden und Steilränder bilden.

Der grosse, der kleine und der Pauritzer Teich und der Stadtbach schneiden die Stadt in zwei Theile: von hier aus steigen

----

*) Vgl. den Plan von Altenburg: Atlas, Taf. II.
**) Zeitschrift für Biologie von Pettenkofer etc., B. 2, Heft 1.

alle Strassen entweder nach Westen oder Osten. Der ganze Stadt-
theil nach Westen bis zur Strasse hinter dem Pohlhofe und hinter
dem deutschen Hofe, Johannisvorstadt, Johannisgraben, Nicolai-
kirchhof, Teichgasse steht auf Kuppen oder Einsenkungen von
Porphyrit. Der obere Theil des Stiftsgrabens, der Jungferngasse,
des Vorwerksgrabens, Marstall, Schlossgarten, Neue Sorge, Felder
hinter dem Schlossgarten, Hausweg, Exercirplatz bis zur Kaserne
haben Sandunterlage mit vielen kleinen Quellen. Ebenso zieht
sich Sand unter dem Spitalteich, Hospital zum heiligen Geiste,
Versorgungshause bis an den Deutschen Bach hin. Das herzog-
liche Schloss liegt ganz auf Porphyrfelsen.

Die Brunnenschachte an den hohen Punkten Altenburgs gehen
durchschnittlich 100 Fuss tief, und reichen bis auf den Porphyrit,
an den niedern Punkten nur 20—50 Fuss, und erst hier kann
der Wasserstand in den Brunnen als Anhaltspunkt für den Stand
des Grundwassers angesehen werden.

Das Trinkwasser ist mit Ausnahme weniger Brunnen nicht
besonders wohlschmeckend, bei anhaltendem Regen leicht trübe,
reich an Kalksalzen. Die Nahrung besteht in der untern und
einem guten Theile der mittlern Klasse fast lediglich aus Brot
und Vegetabilien, zum Getränk dienen Kaffee und Bier; erst in
den höhern Klassen wird der Fleischgenuss ein regelmässiger.

In Hinsicht der Kleidung unterscheiden sich die Bewohner
der Stadt Altenburg nicht wesentlich von denen anderer deutscher
Städte, während die Frauen und Mädchen auf dem Lande noch
ihre besondere Tracht — kurzen bis an das Knie reichenden eng-
anschliessenden Wollrock, Mieder mit einem festen oben abstehen-
den Brustschild und Kopftuch — beibehalten haben.

Die von der ärmern Klasse bewohnten Häuser sind zum Theil
alt, die Zimmer klein und niedrig, unrein gehalten, die Düngerstätten liegen meist in den kleinen engen Höfen, sind häufig un-
bedeckt oder nur schlecht verwahrt, die Abzugskanäle führen bis-
weilen unter den Häusern hinweg in die auf der Strasse befindlichen grösstentheils verdeckten Abzugsgraben.

Die Beschäftigung der Bewohner besteht in Handarbeit, Be-
trieb der Landwirthschaft, Fabrikation von Hüten, Handschuhen,
Cigarren und in Spinnerei.

Im Jahre 1849 trat in Altenburg zum ersten male eine kleine
Choleraepidemie auf. Der erste Todte war damals ein Husar von
der 4. Schwadron des 12. preussischen Husarenregiments. Er starb

am 11. Juni 1849. Bis zum 18. Juni ereigneten sich noch 4 Todesfälle im preussischen Militär. Am Todestage des zuletzt verstorbenen preussischen Soldaten, am 18. Juni, kam der erste Cholerafall in der Stadt vor und zwar auf der Neuen Sorge. Diesem
folgten bis zum 17. August in verschiedenen Theilen der Stadt
noch 19 Fälle, von denen 9 tödlich endeten. Die damals heimgesuchten Oertlichkeiten blieben auch diesmal nicht verschont, nur
war die Ausdehnung diesmal weit grösser.

Im Jahre 1865 wurde der erste Cholerafall in der Kunstgasse Nr. 678 beobachtet. Hier war am 24. August eine Frau E.
eingetroffen, welche am 16. desselben Monats mit ihrem zweijährigen diarrhöekranken Kinde von Odessa abgereist und 9 Tage
und 9 Nächte ununterbrochen unterwegs gewesen war. Nach ihrer
Aussage habe damals in Odessa ihres Wissens keine Krankheit
geherrscht, und auf dem Schiffe seien sämmtliche Passagiere wohl
und munter gewesen, jedoch seien sie an einigen Orten der tür-
kischen Grenze vorübergefahren, wo die Cholera geherrscht habe.
Diese Frau erkrankte am 27. August abends 9 Uhr an Brechdurchfall, und starb am 29. August früh halb 2 Uhr unter den
Symptomen der indischen Cholera; am 29. August abends 8 Uhr
erkrankte in demselben Hause die Schwägerin jener Frau E. gleichfalls an Cholera, und starb am 30. August abends halb 12 Uhr.
Das noch immer an Diarrhöe leidende Kind der Frau E. nahm
eine Schwester der Verstorbenen, welche in einem Hause auf der
obern Seite des Marktes wohnte, zu sich, und hier verstarb dasselbe am 31. August an Entkräftung, ohne dass in diesem Hause
und dessen Umgebung weitere Erkrankungsfälle vorkamen. Das
Haus Nr. 678 der Kunstgasse bildete nun den ersten Infectionsherd,
von dem aus die Krankheit nachweisbar weiter verbreitet wurde.

Vor diesem Hause vorbei läuft der Stadtbach, welcher, hier
bedeckt, später längs der Strasse „hinter der Mauer" offen, die
Abflüsse verschiedener Haushaltungen und Düngstätten aufnimmt,
im Frühjahr nach einem ungewöhnlich starken Schneefall, der
am 28. März erfolgte, übertrat, im Laufe des trocknen Sommers
aber völlig versiegt war, und wie von verschiedenen glaubwürdigen
Seiten versichert wird, damals sehr übeln Geruch verbreitete.

Unterhalb des Schlosses geht dieser Bach längs des trocken
gelegten Pauritzer Teiches unter einer Brücke der Bahnhofstrasse
hinweg, dann am Bahnhofe vorbei, denselben auf dem linken Ufer
lassend, endlich nach Rasephas.

Bei dem Hause Nr. 678 durchzieht der Stadtbach den tiefsten Punkt der Terrainmulde, in welcher die Kunstgasse, Hillgasse und hinter der Mauer liegen, und aus noch vorhandenen ältern Holzschnitten von Altenburg lässt sich ersehen, dass die gegenwärtige Kunstgasse ein Theil des nächstgelegenen Teiches war. Einige Häuser in diesen Strassen waren vergangenes Frühjahr ungewöhnlich stark mit Kellerwasser und Erdschweiss oder Schwitzwasser behaftet, ja in einigen Häusern hinter der Mauer drang das Wasser sogar in die Stuben des Erdgeschosses. Bei dem darauf folgenden ungewöhnlich heissen und trockenen Sommer folgte auf die vorhergegangene ganz ungewöhnliche Durchfeuchtung der porösen und mit Unrathstoffen aus den Häusern hinreichend imprägnirten Bodenschichte naturgemäss eine ganz abnorme Schwankung im Feuchtigkeitsgehalt des Bodens. *)

Am 5. September erkrankte in dem, an dem dort offenen Stadtgraben gelegenen Hause Nr. 801 hinter der Mauer eine Scheuerfrau, Witwe G.; dieselbe hatte bei vollkommenem Wohlsein bis Mittag gearbeitet und mit gutem Appetit gegessen: um 4 Uhr nachmittags wurde sie von Unwohlsein und Durchfall befallen, arbeitete noch bis 7 Uhr, ging dann nach Hause, und starb trotz sofort herbeigeholter ärztlicher Hilfe gegen 8 Uhr des andern Morgens. In demselben Hause erkrankte in der Nacht vom 8. zum 9. die 26 Jahre alte Ehefrau des Schuhmachers M., Mutter zweier Kinder, genas aber unter ärztlicher Behandlung im Verlaufe von 16 Tagen.

Am Morgen des 10. September hatte sie ihre Kinder zu ihrer Schwester, einer verehelichten Tischler W. in der Hillgasse, Nr. 350 wohnhaft, geschickt: dort erkrankte das ältere zweijährige Kind in der Nacht vom 10. zum 11. und starb innerhalb 7 Stunden. Am 13. erkrankte ein ¼ Jahr altes Kind dieses Tischlers W. und starb noch an demselben Tage, am 14. erkrankte sie, die W., am 16. er, beide kamen aber durch.

In dem Hause Nr. 801 hinter der Mauer erkrankte nun am 12. früh 5 Uhr eine Handarbeitersfrau, genas aber, desgleichen im Seitengebäude Frau L.

In der Nacht vom 11. zum 12. erkrankte der Werkführer D. in der Wollkammfabrik neben der Bahnhofbrücke, Lindenaustrasse 1167° an dem übelriechenden Stadtbache, und starb nach 30 Stunden.

---

*) Vgl. Pettenkofer, a. a. O.

Am Morgen des 12. fand Geheimer Medicinalrath Göpel bei
seinem Besuche im Krankenhause früh 9 Uhr zwei Kranke, Witwe
P. und Cigarrenmacher L., beide wohnhaft Neue Sorge 1155.
Letzterer, der schon am 9. erkrankt war, starb noch an demselben
Tage, den 12. Erstere starb den 15. Aus demselben Hause,
Nr. 1155, kam gleichfalls am 12. nachmittags eine Nähterin H.
in das Krankenhaus, die am 16. verstarb.

Allmählich verbreitete sich nun die Krankheit auch in andere
Stadttheile, sodass von 66 Strassen (mit 1343 bewohnten Gebäuden)
21 Strassen = 31,9 % (mit 500 bewohnten Gebäuden) befallen wurden.

Nach dem procentischen Verhältnisse ihres Befallenseins ordnen
sich die Strassen Altenburgs wie folgt *):

Hillgasse	28 Häuser, davon befallen	5 Häuser	= 17,8 %
Am Frauenfelsen . . . 19	„ „ „	3 „	= 15,8 %
Lindenaustrasse 13	„ „ „	2 „	= 15,4 %
Am Teichdamm 13	„ „ „	2 „	= 15,4 %
Neue Sorge 35	„ „ „	5 „	= 14,3 %
Vorwerksgraben 15	„ „ „	2 „	= 13,3 %
Kunstgasse 26	„ „ „	3 „	= 11,5 %
Hinter der Mauer . . . 36	„ „ „	4 „	= 11,1 %
Leitergasse 10	„ „ „	1 Haus	= 10,0 %
Beim Hospital 12	„ „ „	1 „	= 8,3 %
Teichplan 16	„ „ „	1 „	= 6,2 %
Kirchberg 16	„ „ „	1 „	= 6,2 %
Weibermarkt 17	„ „ „	1 „	= 5,9 %
Auf den Röhren 18	„ „ „	1 „	= 5,5 %
Nicolaikirchhof 57	„ „ „	3 Häuser	= 5,3 %
Fleischergasse 20	„ „ „	1 Haus	= 5,0 %
Amalienstrasse 20	„ „ „	1 „	= 5,0 %
Kornmarkt 21	„ „ „	1 „	= 4,8 %
Cotteritzer Strasse . . . 21	„ „ „	1 „	= 4,8 %
Ober- und Unterpauritz 65	„ „ „	3 Häuser	= 4,6 %
Baderei 22	„ „ „	1 Haus	= 4,5 %
500		43	8,6 %

Nimmt man zu diesen 43 Häusern mit 70 Todesfällen noch
das Versorgungshaus, in welchem, als die Epidemie in der Stadt
schon erloschen war, 29 Erkrankungen mit 16 Todesfällen vor-

---

*) In dieser Berechnung wie in allen spätern sind nur Choleratodes-
fälle berücksichtigt, nicht Erkrankungen mit Ausgang in Genesung.

kamen, und das Haus am Deutschen Bach (6 Erkrankungen mit
5 Todesfällen), so sind also von den bewohnten Gebäuden Altenburgs 45 befallen gewesen = 3,3 %.

Die 91 Todesfälle *) vertheilen sich auf die 45 Häuser in der
Weise, dass

je 1 Todesfall vorgekommen ist in 28 Häusern = 62,2 % = 2,1 %
sämmtl. bew. Gebäude

„ 2 Todesfälle „ sind „ 8 Häusern = 17,8 % = 0,6 %
sämmtl. bew. Gebäude

„ 3 „ „ „ „ 4 Häusern = 8,9 % = 0,3 %
sämmtl. bew. Gebäude

„ 4 „ „ „ „ 1 Hause = 2,2 % = 0,1 %
sämmtl. bew. Gebäude

„ 5 „ „ „ „ 3 Häusern = 6,7 % = 0,2 %
sämmtl. bew. Gebäude

„ 16 „ „ „ „ 1 Hause = 2,2 % = 0,1 %
sämmtl. bew. Gebäude

91   45

Im Durchschnitt kommen somit auf jedes der befallenen
Häuser zwei Todesfälle. Die zwischen dem ersten und letzten in
je einem Hause vorgekommenen Todesfalle inneliegende Zeit betrug im Durchschnitt 9,6 Tage, nämlich

1) 1 mal 1 Tag
2) 1 „ 2 Tage
3) 1 „ 3 „
4) 4 „ 4 „
5) 2 „ 7 „
6) 1 „ 10 „
7) 1 „ 11 „
8) 1 „ 13 „
9) 1 „ 14 „
10) 1 „ 18 „
11) 1 „ 22 „
12) 1 „ 26 „
13) 1 „ 33 „

Sa. 17   164 Tage = 9,6 durchschnittlich.

*) Ein Todesfall betraf einen Bahnschaffner aus Zwickau, der auf der
Reise erkrankte und in das Krankenhaus geschafft wurde, daher hier nicht
mit berücksichtigt ist.

Da nun bei Nr. 10, 12 und 13 nachgewiesener Massen theils neue Einschleppung stattgefunden hatte, theils Personen befallen wurden, die nach dem Erlöschen der Hausepidemie erst das fragliche Haus bezogen haben, so stellt sich heraus, dass in 90 % aller Fälle zwischen dem ersten und dem letzten unter den Bewohnern eines Hauses vorgekommenen Choleratodesfall kein längerer Zwischenraum inneliegt, als die Zeit von 14 Tagen.

Sowol hierüber, als über die Zahl der täglich vorgekommenen Choleratodesfälle gibt die Gassentabelle den besten Aufschluss. (Atlas, Tab. 1.)

Die Dauer der Epidemie in Altenburg vom ersten bis zum letzten Todesfall gerechnet — 29. August bis 15. December — betrug 109 Tage. In dieser Zeit sind nach Ausweis der Listen mindestens 92 Personen = 0,5 % der Bevölkerung an der Cholera gestorben, sodass die absolute tägliche Mortalität im Durchschnitt 0,8 beträgt, die procentische tägliche bei einer Einwohnerzahl von 17966 Seelen 0,005.

Auf die einzelnen Wochen vertheilt sich die Zahl der Todesfälle wie folgt:

1.	Woche:	29.	Aug.	—	4.	Sept. =	2
2.	„	5.	Sept.	—	11.	„ =	3
3.	„	12.	„	—	18.	„ =	8
4.	„	19.	„	—	25.	„ =	7
5.	„	26.	„	—	2.	Oct. =	8
6.	„	3.	Oct.	—	9.	„ =	6
7.	„	10.	„	—	16.	„ =	7
8.	„	17.	„	—	23.	„ =	6
9.	„	24.	„	—	30.	„ =	12
10.	„	31.	„	—	6.	Nov. =	5
11.	„	7.	Nov.	—	13.	„ =	2
12.	„	14.	„	—	20.	„ =	2
13.	„	21.	„	—	27.	„ =	11
14.	„	28.	„	—	4.	Dec. =	11
15.	„	5.	„	—	11.	„ =	1
16.	„	12.	„	—	15.	„ =	1

92

Die höchste Zahl von Todesfällen, die an einem Tage in Altenburg vorgekommen, ist 5, und zwar am 28. November. Dividiren wir das Maximum der täglichen Todesfälle durch die Anzahl der Tage, welche einerseits zwischen dem Nullpunkt — 28. August — und dem Maximum, andererseits zwischen dem Maximum und dem Nullpunkte — 16. December—liegen, so erhalten wir die Geschwindigkeit des Steigens und Sinkens der Epidemie in Altenburg in Zahlen ausgedrückt, und zwar ist die des Steigens $= 0,05$, die des Sinkens $= 0,28$, oder wenn wir die Fälle abrechnen, die, in den zwar noch zu der Stadt Altenburg gehörigen, aber doch ziemlich entfernt und isolirt gelegenen beiden Häusern, dem Verpfleghause und dem Hause am Deutschen Bache vorgekommen sind, abrechnen,

die Geschwindigkeit des Steigens $= 0,07$,

„ „ „ Sinkens $= 0,11$,

da nach Ausscheidung jener Fälle das Maximum der Todesfälle in Altenburg am 26. October 4 beträgt und die Dauer der Epidemie nur vom 29. August bis zum 30. November reicht.

Gestorben sind in Altenburg incl. der 6 Parochialdörfer Drescha, Cottwitz, Münsa, Paditz, Steinritz, Zschechwitz, mit zusammen 766 Einwohnern.

1860—1864	1864	1865
im Durchschnitt jährl.	(excl. d. 26 Todtgeb.)	(excl. d. 33 Todtgeb.)
(excl. d. 25,4 Todtgeb.) jährlich 491,8.	$528 = 2,9 \, \%$ der Bevölkerung.	überhaupt | an Cholera $727 = 4,0 \, \% \| 91 = 12,5 \, \%$ d. Bevölk. | d. Verstorb.

Es kommt somit im Jahre 1864 auf 33,8 Lebende 1 Todter
„ „ „ „ „ 1865 „ 24,6 „ 1 „

Auf die einzelnen Monate vertheilen sich die Todesfälle wie folgt:

August — 2
September — 26
October — 32
November — 27
December — 4

Das Verhältniss der Sterblichkeit in den einzelnen Monaten zu der durchschnittlichen Sterblichkeit in denselben geht aus folgender Tabelle hervor:

Es starben

	1860—1864 im Durchschnitt jährlich (incl. der 25,4 jährlich Todtgebornen)	1865 (incl. der 33 Todtgebornen) überhaupt	an Cholera
Januar	41,4	53	
Februar	38,2	50	
März	45,4	56	
April	43,2	45	
Mai	43,0	49	
Juni	44,4	61	
Juli	48,4	65	
August	52,0	77	$2 = 2,8\ \%$
September	39,0	88	$26 = 29,5\ \%$
October	37,2	95	$32 = 33,7\ \%$
November	41,6	66	$27 = 40,9\ \%$
December	43,4	55	$4 = 7,3\ \%$
	517,2	760	$91 = 12,5\ \%$

Es war somit im Jahre 1865, namentlich in der zweiten Hälfte, insbesondere in den Monaten September und October die Sterblichkeit gegen die Vorjahre wesentlich erhöht, ohne dass die Differenz durch die Zahl der nach den officiellen Listen an Cholera Verstorbenen erklärt wird. Man sollte also glauben, dass gleichzeitig mit der Cholera irgendeine andere Krankheit in Altenburg geherrscht und viele Opfer gefordert habe. Dies wird aber von den altenburger Aerzten einstimmig in Abrede gestellt.

Erst nach dem Ausbruche der Cholera wurden ungemein viel Diarrhöen, aber gutartige, beobachtet; Wechselfieber, die überhaupt in Altenburg nicht aufzutreten pflegen, kamen weder vor noch während der Cholera vor.

Prüft man, in welchen Altersklassen hauptsächlich eine Vermehrung der Sterblichkeit zu beobachten war, so stellt sich heraus, dass dies das früheste und das späteste Lebensalter waren.

Es starben

Im Alter von	1860—1864 im Durchschnitt jährlich	1865 überhaupt	1865 an der Cholera
0 — 3 Jahre	202,6	285	7
3 — 20 „	46,6	61	12
20 — 30 „	29,4	42	12
30 — 40 „	31,2	47	15
40 — 50 „	33,4	74	16
50 — 60 „	39,4	71	22
60 — 70 „	48,4	60	5
70 — 80 „	37,2	71	3
80 — 90 „	15,6	—	—
90 —100 „	0,4	—	—
	484,2	711	92

Hieraus ergibt sich mit grosser Wahrscheinlichkeit, dass die Zahl der an der Cholera Verstorbenen in Altenburg grösser gewesen, als officiell angegeben, und dass namentlich kleine Kinder und alte Leute ohne ärztliche Hilfe, vielleicht angeblich an Krämpfen und Altersschwäche, in Wirklichkeit aber an Cholera oder deren Nachkrankheiten gestorben sein mögen.

Das Verhältniss der Zahl der in den einzelnen Monaten des Jahres 1865 Gestorbenen zu der der Geborenen ist aus folgender Tabelle zu ersehen:

	Geboren wurden:	Gestorben sind:
Januar	55	53
Februar	53	50
März	64	56
April	53	45
Mai	54	49
Juni	50	61
Juli	54	65
August	52	77
September	44	88
October	47	95
November	48	66
December	73˙	55
	647	760

Es überstieg also im Jahre 1865 die Zahl der Todesfälle die der Geburten um 113, und zwar fällt diese Uebersteigung lediglich den Monaten Juni bis November zur Last. Am auffälligsten war das Misverhältniss im October (95 Todesfälle gegen 47 Geburten). Die Temperatur übte insofern einen Einfluss auf die Epidemie aus, wie sich aus der beigefügten graphischen Uebersicht (Atlas, Tab. 2) ergibt, als nach dem Herabgehen der täglichen Mitteltemperatur bis auf 0 (am 13. und 14. November) eine fünftägige Pause in den Todesfällen eintrat. Der allmählichen Erhebung der Mitteltemperatur bis auf 9 % (am 24. November) folgte auch eine abermalige Zunahme der täglichen Zahl von Todesfällen bis auf 5 (am 28. November). Dem Hinabgehen der Mitteltemperatur auf 0 am 3. December folgte eine sechstägige Pause vom 5. bis 10. December und am 6. December kam die letzte Erkrankung vor. *)

2. Rasephas. **)

Rasephas, ein altenburgisches Dorf mit 30 bewohnten Gebäuden und 246 Einwohnern, die sich theils mit Landwirthschaft, theils mit städtischer Handarbeit beschäftigen, liegt nordöstlich von der Stadt Altenburg, 10 Minuten vom Bahnhofe entfernt, in dem Winkel, welchen der nach Hof führende Eisenbahntract mit dem nach Leipzig gerichteten bildet. Durch dieses Dorf zieht der altenburger Stadtbach, der wie schon oben gesagt, nicht nur einen grossen Theil des Unrathes der Strassen und Höfe der Stadt Altenburg, sondern auch die Abfallwässer der Gasfabrik aufnimmt, und sich in Rasephas (nicht wie es in dem Aufsatz von Pettenkofer, a. a. O., heisst, „bevor er Rasephas erreicht") mit dem Deutschen Bache vereinigt.

Der Porphyrit, der sich vom altenburger Schlossberg bis nahe vor Rasephas hinzieht, tritt auch bei Rasephas auf, ist jedoch

---

*) Da in Altenburg sich keine meteorologische Station befindet, so sind die Beobachtungen der meteorologischen Station zu Leipzig benutzt worden, welche, da Leipzig noch nicht 200 Fuss niedriger als Altenburg, und nur 5 Meilen nordwestlich liegt, nahezu richtig sein werden: die in den altenburger Dörfern vorgekommenen Fälle sind auf der Tabelle mit eingetragen: die grossen Zahlen bezeichnen die an jedem Tage vorgekommenen Todesfälle, die kleinen die Temperaturgrade nach Réaumur.
**) Vgl. den Plan von Rasephas, Atlas, Taf. V.

hier bis auf 30 Ellen Tiefe durchaus zu Kaolin (Porcellanerde) zersetzt, welches von dem dortigen Eisenbahneinschnitte durchschnitten ist. Ueber diesem zersetzten Porphyr ist ein hellfarbiger Sandstein abgelagert, welcher dem Rothliegenden angehört. Der der Oberfläche zunächst liegende Untergrund ist theils sandig, theils lehmig, und zwar liegt der kleinere, in einem Kreise, dessen Durchmesser kaum 400 Fuss beträgt, befindliche, 12 Häuser umfassende Theil des Dorfes, welcher allein von der Cholera ergriffen wurde, auf einer lehmig-sandigen Abdachung von der Eisenbahn gegen den Stadtbach hin, oberhalb der Vereinigung dieses mit dem Deutschen Bache, während der übrige grössere, völlig freigebliebene Theil in der weiten Thalmulde zu beiden Seiten des Stadtbaches auf Lehm liegt. In dreien der ergriffenen Häuser bestimmte Pettenkofer die Entfernung des Grundwassers von der Oberfläche, und fand sie 14 Fuss 7 Zoll, 15 Fuss 8 Zoll und 14 Fuss 5 Zoll. Der Untergrund ist sandig, ähnlich wie in der Neuen Sorge. Unter dem Lehm, auf welchem der freigebliebene Theil des Orts liegt, findet sich bereits in einer Tiefe von 12 Fuss Grundwasser. Dieser Theil des Dorfes hat den nämlichen Grund wie das Krankenhaus und die Kaserne in Altenburg, welchen Rasephas sehr nahe liegt.

Das Trinkwasser ist gut, nicht verunreinigt durch Abgänge und Schwindgruben, Dungstätten oder dergleichen.

Die von der Cholera heimgesuchten Häuser unterscheiden sich durchaus nicht von den freigebliebenen, namentlich sind die Abtritte und Dungstätten, die meist seitlich vom Hause liegen, ohne Einfluss auf Entstehung und Verbreitung der Cholera gewesen (Dr. Rothe).

Am 13. September war die verehelichte K. aus Rasephas (Nr. 1 des Planes von Rasephas) gegen Mittag zum Jahrmarkt in Altenburg. Unwohlseins wegen begab sie sich nach Hause, erkrankte angeblich nachmittags 4 Uhr und starb in derselben Nacht.

Am 16. erkrankt ihr Mann, wird am 24. als Reconvalescent in das Krankenhaus zu Altenburg gebracht und ist dort genesen.

Am 22. erkrankt die siebzehnjährige Tochter und stirbt nach 14 Stunden.

Am 24. September mittags begibt sich die siebzigjährige Schwiegermutter des K. nach Altenburg, um Verschiedenes für ihren kranken Schwiegersohn zu besorgen, wird in der Stadt unwohl, erkrankt, am Nachmittag zu Hause angelangt, an Brechdurchfall, wird nachts 11 Uhr sammt ihrem Schwiegersohne aus Mangel an aller Pflege in das Krankenhaus gebracht, stirbt aber nach 2 Stunden. Die sechsjährige Tochter, die zu Verwandten in die Stadt gebracht worden war, erkrankte am 26. früh 4 Uhr, ward in das Krankenhaus geschafft und starb daselbst nachts 11 Uhr.

Am 27. nachmittags 6 Uhr erkrankte die Leichenfrau M. aus Oberzetsche, welche sich während der Cholerazeit in Rasephas und zwar in dem Gute des K. aufgehalten hatte, ward sogleich in das Krankenhaus geschafft und starb nach $12\frac{1}{2}$ Stunden. Gleichfalls am 27. nachmittags 6 Uhr erkrankte die Häuslerswitwe W. in Nr. 10, welche die Familie K. gewartet und deren Wäsche gewaschen hatte, und starb nach 10 Stunden. Von den übrigen 13 Bewohnern des Hauses Nr. 10 erkrankte weiter niemand.

Am 28. erkrankte der Handarbeiter Ko. in Nr. 3, welcher am 26. in das Gehöft des K. zur Wartung des Viehes genommen worden war, und starb nach 17 Stunden.

Ausserdem kamen noch Erkrankungsfälle mit tödlichem Ausgange vor, in Nr. 6, 11 und 8, es wurden somit von 30 bewohnten Gebäuden 6 = 20 % befallen. In diesen 6 Gebäuden kamen 12 Todesfälle vor, welche sich auf die 6 Häuser in folgender Art vertheilen:

je 1 Todesfall vorgekommen ist in 3 Häusern = 50 % = 10 %

der bewohnten Gebäude

je 2 Todesfälle vorgekommen sind in 2 Häusern = 33,% = 6,%

der bewohnten Gebäude

je 5 Todesfälle vorgekommen sind in 1 Hause = 16, % = 3, %

der bewohnten Gebäude

$\frac{8}{}$ $\frac{6}{}$

Im Durchschnitt kommen somit auf jedes der befallenen Häuser zwei Todesfälle.

Die zwischen dem ersten und letzten in je einem Hause vorgekommenen Todesfalle innenliegende Zeitdauer betrug

1 mal   3 Tage

1 „   14 „

1 „   15 „

$\overline{3}$ 32: im Durchschnitt 10,7 Tage.

In 66,7 % nicht mehr als 14 Tage. Die Epidemie, vom ersten bis zum letzten Todesfalle gerechnet — 14. September bis 14. October — hatte eine Dauer von 31 Tagen. Während dieser Zeit sind mindestens 12 Personen = 4,9 % an Cholera gestorben, es beträgt somit die absolute tägliche Mortalität im Durchschnitt 0,4, die procentische tägliche, bei einer Einwohnerzahl von 246 Seelen 0,1.

Die höchste Zahl von Todesfällen, die an einem Tage vorgekommen, ist 3 am 28. September, es ist somit

die Geschwindigkeit des Steigens der Epidemie = 0,187
„   „   „ Sinkens „   „   = 0,187

Geboren wurden in Rasephas im Jahre 1865 12 Kinder.

Gestorben sind in demselben Jahre überhaupt 19 Personen, davon 12, = 63 % an der Cholera.

In der Zeit vom 13. September bis 14. October sind überhaupt 14 Personen gestorben und zwar

12 Personen an der Cholera = 85,7 %
2 kleine Kinder (angeblich an Krämpfen, aber in befallenen Häusern)
___
14.

während in demselben Zeitraume im Jahre 1864 nur zwei — kleine Kinder — gestorben sind, in den letzten vier Jahren aber durchschnittlich nur eine Person — ein kleines Kind. — Es sind somit im Jahre 1864 0,8 % der Bevölkerung, 1865 dagegen 5,6 % der Bevölkerung gestorben, und zwar 4,9 % an der Cholera.

Auf die einzelnen Monate vertheilen sich die Choleratodesfälle derart, dass in den September 8, in den October 4 fallen: auf die einzelnen Wochen folgendermassen:

Erste Woche : 14. — 21. September = 1.
Zweite   „   21. — 27.   „   = 3.
Dritte   „   28. — 4. October   = 4.
Vierte   „   5. — 11.   „   = 3.
Fünfte   „   12. — 18.   „   = 1.
___
12.

Einen Einfluss der Witterung auf Zu- oder Abnahme der Epidemie hat Dr. Rothe nicht wahrnehmen können.

Der Gesundheitszustand ist im übrigen Theile des Jahres ein guter gewesen; während die Cholera in dem einen Theile des Dorfes herrschte, lagen in dem freigebliebenen Theile desselben 6 Personen an „gastrischen Zuständen" mehr oder weniger erheblich krank darnieder.

Wechselfieber, das überhaupt in Rasephas nicht vorzukommen pflegt, ging dem Ausbruche der Cholera nicht voraus.

3. Werdau.*)

Werdau, im Regierungsbezirk Zwickau (Königreich Sachsen) mit 774 bewohnten Gebäuden und 10548 Einwohnern, liegt 1061 par. Fuss über dem Meere, im obern Theile des freundlichen und fruchtbaren Pleissengrundes. Die Stadt breitet sich längs der beiden Ufer der Pleisse in einer tiefen Mulde mit ziemlich steilen Rändern aus, die wieder von zahlreichen kleinern Mulden durchschnitten sind. Die meisten Strassen Werdaus sind so angelegt, dass sie den tiefsten Punkt einer Mulde einnehmen, und die Häuser zu beiden Seiten meist höher liegen, in deren Rücken sich dann die Ränder der Mulde erheben, an einigen Stellen mit beträchtlicher Steile. Der Haupttheil der Stadt ist auf dem rechten Ufer der Pleisse gelegen, und auf der südlichen Seite vom Rothen Berge, auf der östlichen vom Kranzberge und den Deegsbergen, auf der südwestlichen vom Pfortenberge umgeben.

Die eigentliche Stadt, deren in Urkunden zuerst im Jahre 1304 Erwähnung geschieht, besteht aus den Häusern am Markte und zwei Hauptstrassen, nämlich der Burggasse und der Weber- oder Schuhgasse. Ausserhalb der Stadt ziehen sich die Häuserreihen hin, welche der obere, der mittlere, der niedere und der Schulgraben genannt werden. Ferner gehören zur Stadt zwei Vorstädte, die obere und die niedere. Derjenige Theil der letztern, welcher jenseit des Flusses liegt, und sich nach Abend hinzieht, hiess früher die Neustadt, seit 1863 Ronneburger Strasse. Ausserdem sind auf dem jenseitigen Pleissenufer der obere, mittlere und niedere Anger, die Bergkeller, der Mühlgraben und auf diesseitigem Ufer der Grünanger.

Werdau liegt im Gebiete des Rothliegenden, und zwar speciell im Gebiete der mächtigen dritten Etage, welche wesentlich als ein rothes, kleinstückiges, lockeres Conglomerat ausgebildet ist. In dem Pleissenthal und dessen Nebenthälern ist dieses Conglomerat vielfach entblösst, auf den Höhen aber wird es durch die weitverbreitete und stellenweise recht mächtige quartäre Geröll- und Sandbildung bedeckt, welche auch oft bis in die Thäler herabkommt und dann meist einseitig von Lehm überlagert wird. In Leubnitz tritt unter der dritten Etage des Rothliegenden die aus rothen Schieferplatten und Sandstein bestehende zweite Etage hervor, doch nur eine kurze Strecke; denn schon am Anfange des werdauer

---

*) Vgl. den Plan von Werdau, Atlas, Taf. III.

Waldes wird solche wieder von der Conglomeratsetage bedeckt, die zwar im ganzen Walde existirt, aber nur selten sichtbar zu Tage austritt, weil dort fast alles von Geröll und Lehm überflutet ist. Bei Anlegung der Brunnen kommt man durch eine poröse, aus Rothliegendem, Kies und Lehm gemischte Schicht, deren Mächtigkeit ganz verschieden, im Thale z. B. bei Nr. 478 am mittlern Anger nur 12 Fuss, auf der Höhe — Schiesshausberg 160 Fuss, Bahnhofstrasse 72 Fuss, Henkel- und Ronneburger Strasse 60 — 70 Fuss. An Stellen, wo man 60 Fuss tief gehen muss, um einen ergiebigen Brunnen zu erhalten, trifft man oft schon 15 — 20 Fuss unter dem Boden eine Schicht, auf der sich etwas Wasser findet, sogenanntes Schwitz- oder Schichtwasser, welches aber zur regelmässigen Speisung eines Brunnens nicht hinreichend ist, da es Jahre und Monate im Jahre gibt, wo diese Schichten fast ganz ohne Wasser sind. Bei zeitweise sehr starken atmosphärischen Niederschlägen am Orte selbst, oder bei starkem Zufluss von Grundwasser aus höher gelegenen Gegenden kann auf diesen Schichten, wenn sie auch sonst nur sparsames Schwitzwasser zeigen oder selbst ganz trocken gefunden werden, zuweilen eine beträchtliche Wassermenge stehen, welche die Poren des darüber liegenden Erdreichs manchmal mehrere Fuss hoch erfüllen, dadurch eine Schicht vollständig überschwemmen und dann wieder ganz verschwinden kann. Ein derartiger Wechsel in der Mächtigkeit des Schichtwassers ist in Werdau durch den am 28. März 1865 eingetretenen ganz abnormen Schneefall bedingt worden, dessen Menge den sechsten Theil vom Niederschlag eines ganzen Jahres betrug*), während durch die darauf folgende Dürre und Hitze dies Wasser derart versiegte, dass ein sehr grosser Theil der Brunnen wesentlich tiefer gelegt werden musste.

Das Trinkwasser, welches beinahe ausschliesslich durch die in grosser Anzahl vorhandenen Pumpbrunnen (einer Angabe des Dr. Zeising zufolge kommt in Werdau fast auf jedes dritte Haus ein Pumpbrunnen) geliefert wird, ist im allgemeinen nicht angenehm schmeckend. Demselben Gewährsmann zufolge findet sehr häufig eine Verunreinigung des Wassers der Hausbrunnen durch Jauche statt, indem letztere entweder aus nahe gelegenen Dungstätten durchsickert, oder, wie auch hier und da vorkommt, geradezu von oben her in den Brunnen fliesst. Diese Behauptung des Dr.

---

*) Vgl. Pettenkofer, a. a. O.

Zeising wird auf das glänzendste bestätigt durch das aus dem Anhange ersichtliche Ergebniss der von dem als Chemiker rühmlichst bekannten Regierungsrath, Professor Stein in Dresden ausgeführten mikroskopischen und chemischen Untersuchung verschiedener Brunnenwässer aus Werdau.

Proben dieser Wässer waren durch Dr. Rietschel entnommen worden, und zwar

Nr.	I.	Dem Brunnen	auf dem obern Anger	bei	Nr.		337
„	II.	„	„ „ mittlern	„	„	„	478
„	III.	„	„ an der Pleise		„	„	566
„	IV.	„	„ „ dem Viaduct				
			(Ronneburger Strasse)	„		„	591
„	V.	„	„ auf der Ronneburger Strasse	„		„	613
„	VI.	„	„ in der Schuhgasse		„	„	58
„	VII.	„	„ an dem Königswalder Wege	„		„	546^B
„	VIII.	„	„ „ „ Gambrinus in der				
			Reichenbacher Strasse	„		„	135 *)

Stein schliesst seinen Bericht über die fragliche Untersuchung mit den Worten: „In der beifolgenden Tabelle ist die grosse Menge löslicher Bestandtheile in mehreren Wässern sehr auffällig, und lässt sich, wie mir scheint, nur aus einer starken Düngung des Bodens mit Jauche erklären, soweit nicht etwa gar ein directes Einsickern derartiger Flüssigkeit in die Brunnen stattfindet. Dass ein solches in einzelnen Fällen nicht ausgeschlossen ist, beweist die mikroskopische Untersuchung." (In dem Wasser von Nr. 3, 4 und 6 fanden sich Abfälle thierischer Abstammung, halbverfaulte Muskelfasern und dgl.)

Dass übrigens in Werdau ein directer und nothwendiger Zusammenhang zwischen der Qualität des Wassers und dem Befallenwerden einer bestimmten Stadtgegend von Cholera nicht bestanden habe, ergibt sich aus folgender Thatsache:

Das Wasser im Brunnen des Krankenhauses — Oberer Anger Nr. 336^B — schmeckte schon vor dem Ausbruche der Cholera so schlecht und roch so nach Jauche, dass Dr. Zeising Verlegung des Brunnens beantragt hatte; diese war jedoch in der Unruhe der Cholerazeit unterblieben, sodass das schlechte, stinkende Wasser hatte fortgebraucht werden müssen. (Nachträglich hat sich herausgestellt, dass ein Durchsickern aus der nicht sehr weit entfernt gelegenen Dunggrube stattgefunden hatte.)

---

*) Vgl. den Plan von Werdau.

Trotzdem kamen eigentliche Erkrankungen im Krankenhause
an Cholera nicht vor, mit Ausnahme eines Potator, der, als das
Krankenhaus mit den ersten Cholerakranken belegt wurde, wegen
eines Oberschenkelbruches in ärztlicher Behandlung stehend,
erkrankte, aber genas, und des Krankenhausverwalters, der sehr
spät — nachweislich infolge einer heftigen psychischen Erregung,
gleichfalls erkrankte und genas.

Das reichlich vorhandene Röhr-wasser wird als Trinkwasser
garnicht benutzt.

Ihre hauptsächlichste Beschäftigung finden die Einwohner von
Werdau in dem Betriebe der Streichgarnspinnerei, Weberei und
Tuchfabrikation.

In Betreff der Nahrung gilt bei den niedern Klassen der Be-
völkerung wol dasselbe, was von Altenburg gesagt ist: deren
Wohnungen sind zum Theil eng und überfüllt, die Luft in manchen
Zimmern noch dadurch verdorben, dass der Urin, dessen man
zur Tuchfabrikation bedarf, in Fässern in den Zimmern oder den
Hausfluren aufbewahrt wird, die Dungstätten häufig hinter dem
Hause und höher als dieselben liegen, die Abzugskanäle unter der
Hausflur, oder wie in einem Hause in der Apothekergasse, unter
der Stubendiele hinweggehen.

Die Dichtigkeit der Bevölkerung
welche im Jahre 1834 =   8,1 Bewohner
„   „   „   1849 = 10,8   „
„   „   „   1858 = 12,3   „
in je einem Hause betrug, war am Schlusse des Jahres 1864 auf
13,6 gestiegen, somit immer noch unter der in den Städten des
Königreichs Sachsen durchschnittlich beobachteten mittlern Dichtigkeit (14,7) geblieben.

Die Mortalität der letzten drei Jahre in Werdau übersteigt
die durchschnittliche Mortalität der übrigen über 8000 Einwohner
zählenden Städte Sachsens in demselben Zeitraume, wie sich aus
folgender Tabelle ergibt:

1 Gestorbener kommt auf Lebende

In Werdau:	in den übrigen grössern Städten (nach der Bevölkerungszahl von 1861 berechnet):
1862 : 30,5.	33,75.
1863 : 29,4.	30,98.
1864 : 30,5.	28,93.
1862 — 1864 : 30,1 im Durchschnitt	31,22

Auch schon in frühern Jahren ist Werdau von ansteckenden und bösartigen Krankheiten vielfach heimgesucht worden: so liest man in der Chronik von Werdau (herausgegeben von Franz Otto Stichart, Pfarrer zu Reinhardsgrimma bei Dresden, zweite Auflage, Werdau 1865, S. 179 fg.): „1578 herrschte die Pest in Werdau. Im Jahre 1590 (nach anhaltender Trockenheit und dadurch bedingtem Mangel an Nahrungsmitteln) raffte ein hitziges Fieber viele Menschen weg. Im Jahre 1611 herrschte eine ansteckende Krankheit, welche eine grosse Anzahl der Einwohner wegraffte. Im Jahre 1626 war wiederum die Pest in Werdau, namentlich in der Neustadt. Ganz vorzüglich aber wüthete sie um das Jahr 1633: es starben zu dieser Zeit in Werdau 700 Personen, und wurden manchen Tag in Werdau 12 — 18 Leichen beerdigt. Im Jahre 1677 herrschte die rothe Ruhr, woran viele alte, namentlich Frauenspersonen starben. 1771 Wolkenbrüche und Ueberschwemmungen und dadurch herbeigeführte schreckliche Theuerung und grosse Hungersnoth. Dabei grassirten hitzige Fieber und ansteckende Krankheiten: in Werdau starben in dem Jahre 171 und wurden nur 73 geboren. 1798 grosses Wasser zur Erntezeit, und grassirte in Werdau und Umgegend die Ruhr, von den Hundstagen bis in den December: sie raffte viel Menschen von jedem Alter und Geschlecht dahin: am 12. September verstarben in Werdau allein 6 Personen daran.‟ Ob das häufige Auftreten epidemischer Krankheiten mit den sehr häufigen Ueberschwemmungen, denen Werdau von jeher ausgesetzt gewesen ist, in irgendeinem Zusammenhange steht oder nicht, ist aus der Chronik nicht zu ersehen.

Der Gesundheitszustand in der ersten Hälfte des Jahres 1865 war ein normaler, namentlich wurden Wechselfieber, die überhaupt in Werdau sehr selten vorkommen, nicht beobachtet. Von August an war Neigung zu Diarrhöen und Cholerinen vorhanden, und es zeigten sich die Masern unter den Kindern, aber gutartig.

Am 13. September siedelte die Frau des an demselben Tage in Altenburg an der Cholera verstorbenen Werkführers D. nach Werdau über, und zog an den Obern Graben Nr. 413. Am 17. d. M. starb ihr Wochenkind, ohne ärztliche Hülfe, aber nach Aussage von Augenzeugen unter Brechen und Durchfall. Am 21. verstarb die verwitwete S., wohnhaft Mittlerer Graben Nr. 416, welche die Wäsche des in Altenburg verstorbenen D. gewaschen haben soll, gleichfalls ohne ärztliche Behandlung, jedoch angeblich auch an Brechdurchfall. Die Kinder der Dietz verkehrten viel in dem

Hause Nr. 68 auf der Schuhgasse, und in diesem Hause erkrankte am 30. September der dreijährige Knabe K., und starb noch an demselben Tage an Brechdurchfall. Eine in demselben Hause wohnende Frau F., mit welcher die D. gut bekannt war, erkrankte am 3. October, und starb noch an demselben Tage. Frau D. hatte in Werdau eine verheirathete Schwester, wohnhaft am Obern Anger, Nr. 277^H: deren Kinder im Alter von 2, 5 und 7 Jahren erkrankten am 5., und starben sämmtlich, die zwei erstgenannten noch vor Ablauf von 24 Stunden, das dritte nach 5 Tagen.

In Betreff der am 30. September auf dem Mittlern Anger, Nr. 470 und 475 aufgetretenen, rasch tödlich endenden Fälle ist weder ein Zusammenhang mit der D. noch mit einem der altenburgischen inficirten Orte nachzuweisen gewesen.

Von diesen drei Punkten aus: Schuhgasse, Mittlerer und Oberer Anger, verbreitete sich nun die Krankheit weiter, und entwickelte sich namentlich am Mittleren Anger mit ziemlicher Intensität, sodass hier von 5 Cholerakranken durchschnittlich 4 starben: in der Schuhgasse waren die Sterblichkeitsverhältnisse etwas günstiger. In der dritten Woche trat die Krankheit auch in der zwischen Anger und Schuhgasse gelegenen Strasse, „Mittlerer Graben" epidemisch auf, jedoch nicht mit grosser Heftigkeit.

Zu derselben Zeit kamen einzelne Erkrankungen in der Ronneburger Strasse vor, und häuften sich hier in der vierten Woche geradezu massenhaft, jedoch mit etwas günstigerm Mortalitätsverhältnisse als am Mittleren Anger. Die Ronneburger Strasse steigt von der Pleisse an ziemlich steil in die Höhe, hat in ihrem obern Theile Muldenform und wird hauptsächlich von der ärmern Klasse der Bevölkerung bewohnt. Die Wohnungen, besonders die Schlafstätten sind dort oft in erschreckender Weise überfüllt, die Dungstätten meist so angelegt, dass die flüssigen Theile nach dem Hause zu durchsickern müssen.

Dass auch die hochgelegene Henkelstrasse trotz ihrer günstiger eingerichteten Wohnungen von der vierten Woche an epidemisch befallen wurde, schreibt Dr. Zeising dem Umstande zu, dass nachdem man mit Strenge darauf sah, dass die Leichen sofort nach der Leichenhalle geschafft wurden, dieselben sich dort mitunter so anhäuften, dass oft 10—15 Leichen gleichzeitig in dem kleinen Locale lagen; damals fast constant herrschende Nordwestwinde haben nun die in der Leichenkammer angesammelten Dünste der Henkelstrasse zuführen müssen.

Ueber die Reihenfolge, in welcher die einzelnen Gassen und in diesen die einzelnen Häuser befallen wurden, sowie über die Dauer der Strassen- und Hausepidemien gibt Tabelle 3 Aufschluss. (Atlas, Tab. 3.)

Nach dem procentischen Verhältnisse ihres Befallenseins ordnen sich die einzelnen Strassen wie folgt:

Strasse	Häuser		davon	befallen	Prozent
Neue Gasse	18	Häuser, davon	9	befallen	= 50,0 %
Burggasse	13	„ „	5	„	= 38,5 %
Schuhgasse	29	„ „	11	„	= 37,9 %
Kranzberggasse	3	„ „	1	„	= 33,3 %
Mittler Graben	23	„ „	7	„	= 30,4 %
Ronneburger Strasse	89	„ „	27	„	= 30,3 %
Schwabengasse	7	„ „	2	„	= 28,6 %
Oberer Anger	37	„ „	10	„	= 27,0 %
Apothekengasse	15	„ „	4	„	= 26,7 %
Henkelgasse	19	„ „	5	„	= 26,3 %
Am Ziegelteich	4	„ „	1	„	= 25,0 %
Rahmenberg	8	„ „	2	„	= 25,0 %
Grünangerweg	14	„ „	3	„	= 21,4 %
Obere Vorstadt	122	„ „	26	„	= 21,3 %
Königswalder Strasse	5	„ „	1	„	= 20,0 %
Bergkeller	16	„ „	3	„	= 18,7 %
Oberer Graben	27	„ „	5	„	= 18,5 %
Reichenbacher Strasse	53	„ „	9	„	= 17,0 %
Mühlgraben	19	„ „	3	„	= 15,8 %
Mittler Anger	21	„ „	3	„	= 14,3 %
Niedere Vorstadt	27	„ „	3	„	= 11,1 %
Markt	54	„ „	4	„	= 7,4 %
Bahnhofstrasse	41	„ „	2 *)	„	= 4,9 %
Niederer Graben	21	„ „	1	„	= 4,8 %
Schulgraben	25	„ „	1	„ .	= 4,0 %

25 Gassen mit 710 Häusern, davon 148 befallen = 20,8 %
hierzu 2 einzelne Häuser = 2 „

150.

Von sämmtlichen 31 Gassen Werdaus waren befallen: 25 = 80,6 %
„ „ 774 bewohnten Gebäuden „ „ 150 = 19,4 %

---

*) Die Angabe Pettenkofer's, a. a. O., S. 125, dass auf der Bahnhofstrasse kein einziger Todesfall vorgekommen sei, beruht auf einem Irrthume.

Auf die 150 Häuser vertheilen sich die 260 Todesfälle wie folgt *):

je 1 Choleratodesfall kam vor in 96 Häusern = 64,0 % = 12,4 % sämmtl. bew. Gebäude

„ 2 Choleratodesfälle kamen „ „ 25 „ = 16,7 % = 3,2 % sämmtl. bew. Gebäude

„ 3 „ „ „ „ „ 18 „ = 12,0 % = 2,3 % sämmtl. bew. Gebäude

„ 4 „ „ „ „ „ 4 „ = 2,7 % = 0,5 % sämmtl. bew. Gebäude

„ 5 „ „ „ „ „ 3 „ = 2,0 % = 0,4 % sämmtl. bew. Gebäude

„ 7 „ „ „ „ „ 3 „ = 2,0 % = 0,4 % sämmtl. bew. Gebäude

„ 8 „ „ „ „ „ 1 Haus = 0,7 % = 0,1 % sämmtl. bew. Gebäude

260   150

In einem befallenen Hause kamen somit durchschnittlich 1,7 Todesfall vor.

Die zwischen dem ersten und letzten in einem Hause vorgekommenen Todesfalle inneliegende Zeit betrug im Durchschnitte 8,3 Tage: und zwar

			2 mal	15	Tage
			1 „	16	„
5 mal	1	Tag	1 „	17	„
5 „	2	Tage	1 „	19	„
6 „	3	„	3 „	21	„
3 „	4	„	1 „	24	„
2 „	5	„	1 „	28	„
1 „	6	„	2 „	31	„
·3 „	7	„	1 „	34	„
3 „	10	„	1 „	36	„
4 „	11	„	1 „	37	„
3 „	12	„	1 „	39	„
1 „	13	„	1 „	49	„

36 mal unter 14 Tagen 17 mal über 14 Tage.
= 68,0 %   = 32,0 %.

*) Bei einem Manne, der im Krankenhause verstorben, hat sich auch nachträglich die Wohnung nicht ermitteln lassen.

Ob in den Häusern mit anscheinend so langer Dauer der Hausepidemie neue Einschleppungen stattgefunden haben, hat sich bei der Masse der Fälle und der Geschäftsüberhäufung der behandelnden Aerzte während der Epidemie auch nachträglich nicht constatiren lassen.

Die Dauer der Epidemie in Werdau vom ersten bis zum letzten Todesfall — 30. September bis mit 11. December — gerechnet betrug 73 Tage. In dieser Zeit sind mindestens 261 Personen = 2,5 % der Bevölkerung an Cholera gestorben: es war somit die absolute tägliche Mortalität = 3,6, die procentische Mortalität (bei einer Einwohnerzahl von 10548 Seelen) = 0,03.

Auf die einzelnen Wochen vertheilen sich die Todesfälle wie folgt:

Erste Woche:	30. September	bis mit	6.	October	=	6
Zweite „	7. October	„ „	13.	„	=	18
Dritte „	14. „	„ „	20.	„	=	31
Vierte „	21. „	„ „	27.	„	=	54
Fünfte „	28. „	„ „	3.	November	=	47
Sechste „	4. November	„ „	10.	„	=	34
Siebente „	11. „	„ „	17.	„	=	32
Achte „	18. „	„ „	24.	„	=	15
Neunte „	25. „	„ „	1.	December	=	12
Zehnte „	2. December	„ „	8.	„	=	11
Elfte „	9. „	„ „	11.	„	=	1
						261

Die höchste Zahl von Todesfällen, die an einem Tage in Werdau vorgekommen, ist 13, und zwar am 28. October: die Geschwindigkeit des Steigens ist somit in Zahlen ausgedrückt = 0,43, die des Fallens = 0,28.

Gestorben sind

in Werdau (10548 E.)
(mit dem eingepfarrten Dorfe Leubnitz, 1014 E.)

1861 — 1864
durchnittlich
390,5.

1864   1865

in Werdau (mit Leubnitz) 377 = 3,3 % d. Bevölk. 758 = 6,5 % d. Bevöik.

in Werdau (ohne Leubnitz) 346 = 3,3 % „   „   726 = 6,9 % „   „

davon an Cholera: 261 = 35,9 % d. Todten.

Während also im Jahre 1864 auf 30,5 Lebende in Werdau ein Gestorbener gekommen war, kommt im Jahre 1865 schon auf 14,5 Lebende 1 Gestorbener.

Auf die einzelnen Monate des Jahres vertheilen sich die 261 Todesfälle derart, dass auf den September 3

„ October 135
„ November 110
„ December 13
_____
261

fallen.

Das Verhältniss der Zahl der in den einzelnen Monaten des Jahres 1865 Gestorbenen zu der der Geborenen geht aus folgender Uebersicht hervor:

	Geboren:	Gestorben:						
Januar	48	35						
Februar	46	38						
März	44	36						
April	48	20						
Mai	55	36						
Juni	53	30						
Juli	54	46						
August	49	44						
September	53	36	davon	3	an	Cholera	=	8,3 %
October	47	170	„	135	„	„	=	79,4 %
November	35	180	„	110	„	„	=	61,1 %
December	41	55	„	13	„	„	=	23,6 %
	573	726		261				35,9 %

Die vermehrte Sterblichkeit fällt also lediglich dem letzten Vierteljahre, in welchem die Cholera in Werdau epidemisch herrschte, zur Last; am auffälligsten war das Misverhältniss zwischen der Zahl der Geborenen und der der Verstorbenen im Monat November, in welchem letztere die erstere um 145 überstieg.

Im letzten Vierteljahre der vorhergehenden Jahre starben:

	1861—1864 durchschnittlich	1864	1865 überhaupt	1865 an Cholera
in Werdau mit Leubnitz	96,5	86	412	—
in Werdau allein	—	—	405	261

Im letzten Vierteljahre der vorhergehenden Jahre wurden geboren:

	1861—1864 durchschnittlich	1864	1865
in Werdau mit Leubnitz	141,2	152	135
in Werdau allein	—	—	123

Dem Alter nach starben in Werdau im Jahre 1865 (mit
Ausschluss der 17 Todtgeborenen):

	überhaupt			an Cholera		
	männl.	weibl.	Sa.	männl.	weibl.	Sa.
vor erfülltem 1. Jahre	120	139	259	3	11	14
vom 1.— 3. „	72	48	120	21	8	29
„ 3.— 6. „	21	15	36	11	9	20
„ 6.—14. „	11	19	30	5	16	21
„ 14.—20. „	7	11	18	5	10	15
„ 20.—30. „	9	22	31	9	13	22
„ 30.—40. „	20	37	57	16	29	45
„ 40.—50. „	22	12(?)	34	14	20(?)	34 *)
„ 50.—60. „	27	31	58	21	12	33
„ 60.—70. „	22	14	36	12	9	21
„ 70.—80. „	10	13	23	1	3	4
„ 80.—90. „	1	6	7	2	—	2
Sa.	342	367	709	120	140	260

Dem Alter nach starben in Werdau:

In Werdau mit Leubnitz:	1. Oct. bis ult. Dec. 1861.	1. Oct. bis ult. Dec. 1862.	1. Oct. bis ult. Dec. 1863.	1. Oct. bis ult. Dec. 1864.	1. Oct. bis ult. Dec. 1865.
Kinder unter dem 14. Jahre:	82	60	71	58	231
Erwachsene:	26	30	31	28	181
Sa.	108	90	102	86	412

Auch hier wird man also, wie in Altenburg, zu dem Schlusse
gedrängt, dass die Zahl der an Cholera Verstorbenen aus der
Altersklasse 0 — 6 Jahr und 70 — 80 wesentlich grösser ist, als in
den officiellen Listen angegeben, da die Vermehrung der Sterblichkeit, wie vorher gezeigt, lediglich den letzten drei Monaten zur

---

*) Worauf diese Differenz der Alters- und Geschlechtsangaben in den
officiellen Choleralisten mit den Angaben im Kirchenbuche beruhe, hat sich
selbst nachträglich nicht ermitteln lassen.

Last fällt, und ausser den Masern keine Krankheit gleichzeitig mit der Cholera herrschte, welche eine so grosse Vermehrung der Sterblichkeit hätte bedingen können.

In Betreff des Einflusses der Witterung auf In- und Extensität der Epidemie stimmen Dr. Zeising und Dr. Kleinpaul darin überein, dass die Erkrankungen bei bedecktem Himmel an Häufigkeit und Heftigkeit ab, bei unbedecktem hellen Himmel zunahmen, wie denn auch die Epidemie bei hellem schönen Wetter ausbrach. Die Temperatur übte, wie aus der beigefügten Tabelle (Atlas, Tab. 4.) zu ersehen*), insofern einen Einfluss auf die Epidemie aus, als nach dem ersten Herabgehen der täglichen Mitteltemperatur auf 0 (am 14. November) die erste eintägige Pause in den Todesfällen am 17. November eintrat; mit dem Steigen der Temperatur vom 17. bis zum 24. trat wieder eine, jedoch nicht proportionale Zunahme der Häufigkeit der Todesfälle ein; dem steten Herabgehen der Temperatur in der letzten Woche des November folgte am 2. December die zweite eintägige Pause, und nach einer nochmaligen beträchtlichen Erhebung am 4. eine abermalige eintägige, vom 7. bis zum 10. December eine viertägige Pause, am 11. der letzte Todesfall.

4. Zwickau.**)

Zwickau, eine Stadt mit 1201 bewohnten Gebäuden und 22432 Einwohnern, in mitteler Seehöhe von 908 par. Fuss, 1½ Meile OOS. von Werdau, liegt in einem Thale am linken Ufer der hier von Süd nach Norden verlaufenden Mulde, zwischen dem in NW. langsam bis zu 1080 Fuss über dem Meere sich erhebenden Windberge und dem dicht am Flusse jäh ansteigenden Brückenberge. Auf der Westseite der Stadt liegen der über 2000 Schritt im Umfange haltende grosse Teich, und der kleine „lange" Teich; mehrere früher vorhandene Teiche***) sind trocken gelegt worden.

---

*) Da sich in Werdau keine meteorologische Station befindet, so mussten die Beobachtungen der Station Zwickau zu Grunde gelegt werden, welche, da letztere 1½ Meile OOS. und nur ungefähr 100 Fuss tiefer liegt, nahezu auch für Werdau zutreffen werden: die grossen Zahlen bezeichnen die an jedem Tage in Werdau vorgekommenen Choleratodesfälle, die kleinen die Temperaturgrade nach Réaumur.

**) Vgl. den Plan von Zwickau, Atlas, Taf. IV.

***) z. B. der Oberschedewitzer Teich, Thonteich, Hüttenteich, Ziegelteich, Schiessmauerteich, die auf dem aus älterer Zeit stammenden Plane noch ersichtlich sind.

Zwickau liegt im Gebiete der zweiten und dritten Etage des Rothliegenden, welche auf den Höhen von quartären Geröll-, Sand- und Lehmablagerungen in grosser Mächtigkeit überschwemmt sind. Der Untergrund von Zwickau besteht innerhalb der ehemaligen Stadtmauer bis zu 4 — 5 Ellen Tiefe aus ausgefülltem Boden, dann folgt an manchen Stellen $\frac{1}{2}$ bis 1 Elle feiner lehmiger Sand, dann Kies 3 bis 5 Ellen stark. Diese sogenannte Muldenschicht ist die eigentlich wasserführende Schicht, während man schon bei $4\frac{1}{2}$ Elle Tiefe häufig auf Tagewasser stösst. Der Untergrund der zu Zwickau gehörigen Vorstadt „an Marienthal", in welcher die ersten Fälle von Cholera auftraten, besteht aus einer dünnen Lehmschicht, auf welche Sand und Kies folgen; bei der später zu erwähnenden Ziegelei bestimmte Pettenkofer durch Messung den Stand des Grundwassers auf 12 Fuss.

Das Wasser der Pumpbrunnen in Zwickau ist ziemlich hart, zum Theil reich an organischen Beimengungen, und durch die seit Jahren fortschreitende Abnahme des Wasserstandes in der Quantität so ungenügend, dass man trotz des vorhandenen, zum Theil auch als Trinkwasser benutzten Röhrwassers sich ernstlich mit dem Gedanken beschäftigt, Trinkwasser in die Stadt zu leiten. Der nördliche Theil der Stadt, welcher viel tiefer liegt als der südliche, ist mitunter Ueberschwemmungen ausgesetzt, namentlich die Neugasse stand bei der grossen Ueberschwemmung im Jahre 1858 hoch unter Wasser. Auf den Stand des Wassers in den Brunnen der Neugasse hatte der grosse Schneefall im März 1865 nur insofern einen vorübergehenden Einfluss, als die Brunnen damals ersoffen, d. h. das Schmelzwasser von oben hereinfloss; der Stand des Wassers in denselben soll aber auch damals nicht wesentlich verändert gewesen sein. Hiernach ist die auf unrichtigen Mittheilungen der Bewohner jener Gasse beruhende Bemerkung in dem Aufsatze Pettenkofer's, a. a. O., S. 127, dass ein abnormer Stand des Grundwassers damals in der Neugasse zu bemerken gewesen, zu berichtigen.

Der Erwerb der Bewohner von Zwickau geschieht durch Tuchweberei, Gerberei, Leinenweberei, Nagelschmiede, Töpferei, Brauerei, Färberei, Wollspinn- und Tuchfabriken, Fabriken für Zeugweberei, Wollkämmerei, chemische Erzeugnisse, Eisenhammer, Maschinenbau mit Eisengiesserei, Porcellan und Steingut, Glas. Theils hierdurch, theils durch die lohnende Beschäftigung in den in der nächsten Umgegend gelegenen zahlreichen Steinkohlengruben sind die Nahrungsverhältnisse selbst der niedrigern Stände günstiger als in Werdau.

Die Dichtigkeit der Bewohner in den Gebäuden, die im Jahre 1843 = 8,5, im Jahre 1855 noch 16,2 betrug, war im Jahre 1864 auf 18,7 gestiegen.

Die von dem ärmern Theile der Bevölkerung bewohnten Häuser sind alt und klein, die Dungstätten häufig noch sehr mangelhaft, wenn auch nicht in solchem Zustande wie in Werdau. Die Mortalität blieb in Zwickau in den letzten drei Jahren unter der der übrigen grössern Städte des Landes in demselben Zeitraume, es kommt nämlich 1 Gestorbener auf Lebende

in Zwickau:	in den übrigen grössern Städten Sachsens nach der Bevölkerungszahl am Schluss des Jahres 1861 gerechnet:
1862 = 31,1	33,7
1863 = 32,1	30,0
1864 = 35,2	28,9
1862—1864 = 32,8 im Durchschnitt	31,2 im Durchschnitt.

Die Luft ist in Zwickau, infolge des Betriebes der vielen Dampfessen und Coaksöfen, dick und überfüllt mit Gasen, namentlich mit schwefliger Säure, durch welche Umstände es sich wol erklärt, dass hier Lungenblutungen bei Tuberculosen viel häufiger vorkommen, als nach der geschützten Lage von Zwickau zu vermuthen ist.

In frühern Zeiten ist Zwickau wiederholt von mörderischen Epidemien heimgesucht worden: so namentlich von der Pest in den Jahren 1463, 1506, 1552, 1566, 1582, 1598, 1607, 1611, 1626, 1630, 1633, 1681, 1683, vom russischen Fieber (Typhus) 1813 und 1814, vom englischen Schweisse 1486 und 1529. Die Pest brach meist im Sommer aus und hörte im December auf; in einzelnen Epidemien starben täglich 50—60 Menschen (z. B. 1633) 1681—1683 waren namentlich die Bader- und Korngasse heimgesucht. Etwas Näheres über die Natur dieser Pest zu erfahren, ist mir nicht gelungen: die einzige Nachricht, welche darüber existirt, verdanke ich der Güte des Dr. Herzog hierselbst, welcher die in der Anmerkung*) wörtlich abgedruckte von dem Kreis- und Stadtphysicus

---

*) Kurzer doch nützlicher Unterricht.
Welcher Gestalt bei jetzo hin und wieder grassirender Pestilenzialischer Seuche und Ruhr, ein Jeder nächst göttlicher Verleihung sich präserviren und mit dienlichen Arzneimitteln curiren könne.
Aus treuer Vorsorge auf Ew. Edl. Hochw. Raths allhier Begehren bei jetzo gefährlich aussehendem Zustande, im Nothfalle Reichen und Armen

Dr. Göts (1658 — 1708 im Amte) abgefasste Belehrung in dem Archive des Stadtrathes zu Zwickau aufgefunden hat.

zum Besten kürzlich doch wohlmeinend abgefasst und in Druck gegeben von Zachario Nicolao Götzio Med. D. Churf. Sächs. Kreis Medico und Stadt Physico Ordin. .

Gedruckt in Zwickau von Sam. Ebeln im 1676ten Jahr.

Denen Edlen, Wohl Ehrenvesten, Gross, Vor, Achtbaren, Hoch und Wohlgelehrten, Hoch und Wohlweisen Herren Burgermeistern und Rath der Stadt Zwickau, seinen besonders grossgünstigen und resp. hoch und vielgeehrten Herren und hochgeneigten Förderern, übergiebt nach erheischender Schuldigkeit dieses kurz doch wohlmeinend abgefasste Consilium

Zacharias Nicolaus Götzius D.

Im Namen Jesu!

Dem Leser Glück, Heil, Gesundheit des Leibes und Verstandes: — Nach dem bei jetzo vor Augen schwebender grosser Gefahr und aller Orten umb uns herumb grassirenden ansteckenden gifftigen Krankheiten, einem Jeden obliegt seiner Gesundheit, die viel werther als das köstlichste Gold, Perlen und Edelgestein aufs ʼbeste wahrzunehmen, als habe vor meine Schuldigkeit erachtet nachfolgend kurzen Unterricht, in Acht unterschiedlichen Puncten verfasset, wie man sich in dieser Sache zu verhalten und im Nothfall sich guten Rath zu bedienen, Reichen und Armen zum Besten auszufertigen, und auf Ew. Edl. Hochw. Raths allhier gutbefinden, in Druck zu geben. Verhoffe es werde von einem Jeden wol aufgenommen, dem herzlich gut und treu gegebenen Rath jedem selbst zu seinem eignen Besten fleissig nachgelebet werden. Der Herr aber unser Gott, der allein giebt Gesundheit, Leben und Segen, und ohne dessen gnädige Benedeyung alles, auch Arznei umbsonst und vergeblich ist, sei uns freundlich und fördre das Werk unsrer Hände bei uns, ja das Werk unsrer Hände wolle Er fördern und segnen. Amen!

1. Anlangend die Seuche an sich selbsten, die GOTT, der Allmächtige zu unserer jetzigen Zeit aus gerechtem Gericht über ganzes Teutschland umb unsrer allzugrossen Sünden willen verhänget, so ist nicht nöthig, davon viel Wort zu machen, und ist bekannt, bezeuget's auch die tägliche Erfahrung, dass solche in Wahrheit gifftiger Pestilenzialischer Art, ansteckend, mit vielen wunderbaren Zufällen, die jetzo umb Kürze willen nicht weitläufig zu erzählen, vermenget, und von solcher wohl und unwidersprechlich zu statuiren, dass aus sonderlicher Verhängniss Gottes, böser Influenz der Gestirne, wunderbarer Wittrung und schädlichē geschwindē, mit Hitze und Kälte Veränderungen der Lufft, von übel disponirten und gifftig inficirten Victu bösen Epicuräische Sittē der Menschē, deren Feuer jedermann fast schon in seinem Busen träget, und nur daran noch fehlet, dass es zur Flamme ausbreche, und über und über gehe, welches doch GOTT in allen Gnaden abwenden wolle.

Cholera ist in Zwickau noch nicht aufgetreten. Zu Ende des Jahres 1863 und zu Anfang des Jahres 1864 herrschte der Typhus

2. Unter andern gefährlichen Zufällen, so sich vor jetzo am meisten bei denen Patienten ereignen, ist die Ruhr, ein höchst gefährlicher Durchfluss des Leibes, daran die meisten, deren Leiber unrein, mit vielen schädlichen Wust beladen uñ angefüllet, dahin sterben und gutes theils von Beeren, Kirschen, allerlei Obst, Milchwerk und übermässigem begierlichen Einschlucken dessen ist verursacht worden, von welchen vor dieses mahl eigentlich zu handeln.

3. Wer demnach darvor gesichert sein will, hat sich dieses kurzen dreifachen Consilii zu bedienen. 1. Dass er andächtig mit Ernst und fleissig bete, mit wahrer Busse sich zu GOtt bekehre, und umb dessen Schutz und Erhaltung aus Kindlichem Zuversichtiglichen Vertrauen sich bewerbe. 2. Ein nüchternes und mässiges Leben führe, uñ den Leib mit dienlichen Mitteln rein halte. 3. Auff ein gut präservativen Mittel so wohl innerlich als äusserlich, sich bedacht mache, das den Leib vor Fäulniss und Gifft, nächst Gott, verwahre und beschütze.

4. Das erste anlangend ist jedermann bekannt, und wohl wissend, was iu der Sache zu thun, und wird sattsam in öffentlichen Busspredigten von denen Herren Theologis und zur gnüge gelehrt. Wolte GOtt es geschehe auch also rechtschaffen und mit Ernst in der That von einem Jeden, ihm selbsten zu seinem zeitlichen und ewigen Besten, vielleicht sollte es auch besser mit uns auff allen Seiten stehen.

5. Nüchtern und mässiges Leben wird vors andere zwar auch erfordert, aber wir Teutschen wollen uns nicht gerne gar zu kärglich thun, an der Medicoren Reguln uns nicht binden, improbiren das Medicè uñ modicè vivere zum höchsten, dahero es auch nicht Wunder, dass die Leiber mit vielen bösen Unflath und gifftigen Zunder angefüllet werden. Rarō cibi ferias agunt, et vix invenitur qui toleret. Pleniorem nihilo minus victum plurima circumstant incommoda. Saburrata Ventriculi culina deflectit ab officio. Non consumuntur humores noxii cum continua est restauratio, sagt der gelehrte Holländer Doct. Swalve. Wil man sich aber auf Purgier-Artzneyen verlassen, und denken, damit könne der Sachen schon wieder gehollfen werden, wann man gleich einmal zu viel einschlucket; So ist zu wissen, dass einmahl ein starkes Purgiermittel, ohne sonderbahre Schwächung der natürlichen Kräffte kan adhibiret werden, und ist diese jetzige Seuche sonderlich dieser bösen Art, dass sie den Magen also schwächet, einen übernatürlichen Hunger oder übermässigen Appetit zum Essen vorhergehends verursacht, und dann durch stark purgierende Artzneyen mehr irritiret und übelärger gemacht wird, welches wol zu merken, auch die Erfahrung in Warheit es also bezeuget. Dahero der beste Rath ein nüchternes und mässiges Leben führen, und mit linden abstergirenden und laxirenden Artzneyen wöchentlich einmahl, oder auch nach dem es nöthig zweymal den Leib erweichen und reinigen lassen. Darzu insonserheit die von Aloë, Myrrha und Croco bereiteten

epidemisch in Zwickau, und trat in der Leipziger Vorstadt mit ziemlicher Heftigkeit in Bezug auf In - und Extensität auf. Der

Pilulae Pestilentiales, so zugleich stärkē, dem Gifft und Fäulniss widerstehen, und sind dergleichen sonderlich zugerichtet, in meiner Officin vorhanden, so man davon nur eine, oder zwey des Abends eine Stunde vor, oder gleich bey der Mahlzeit Anfang mit einem Löffel Suppen gebraucht, pflegen sie folgenden Morgen darauff den Leib etlichmal zu eröffnen. So hat man auch dergleichen Laxier-Essentz, davon 50 biss 60 oder 80 Tropffen in warmer Suppen oder Bier bey der Mahlzeit zu nehmen. Ingleichen sind sonst bekant die Aloëphangin- und Mastix-Pillen, welche in gewisser Dosi eben auch also nützlich genommen werden. Wem die Artzney in forma pulveris beliebtich, kan Cremor tartari, Tartaro Vitriolatus und Sal duplicatū laxativū specificum in gewisser Dosi, so nach Befindung eines jeden Zustandes einzurichten, gebrauchen. Wer mehr laxierende Clystirl. verlanget, können von einem decocto emolliente, Elect. de hiera S. und ol. rutae, chamomill. etc. solche leicht verfertiget und appliciret werden. Brech - Artzneyen zu rechter Zeit sind auch nicht zu verwerffen, sintemahl, damit dieser Krankheit Vorschub sehr benommen wird und kan nach Beschaffenheit des Patienten ein Brech-Malvasier, oder brechenmachend Weinstein- Pulver, oder D. Rulandi: Spey-Wasser mit Aqua Theriacali versetzt, auf gewissemassen zur Präservation wohl dienē.

6. Drittens ist noch übrig das Praeservativ — oder Verwahrungsmittel, welches sowohl äusserlichen als innerlichen höchst nöthig zu gebrauchen. Dergleichen werden nun so viel von diesem und jenem gerühmt und in solcher Menge vorgeschlagen, dass manche nicht wissen, zu welchem sie greiffen, oder welches sie erwehlen sollen. Insonderheit aber ist zu wissen, dass wegen so vieler wunderbahrer Zufälle dieser Seuche man sich auff eines alleine nicht zu verlassen, sondern man muss zuweilen variiren, nachdem der Zustand es erfordert. Berühmt ist unter andern, un̄ hat seines gleichen nicht die Tinctura Bezoardica, so sie mit Fleiss elaboriret, deren Gebrauch bekant, und kan solche so wohl praeservationìs gratiā vor sich, oder wann die Ruhr schon vorhanden mit Zusatz einer sonderlichen Essentia Styptica, mit grossem Nutz gebraucht werden. Von dergleichen Bezoartischen Tinctur kan man auch Bezoartische Wasser, mit sonderlichen Magen- und Hertzwassern vermischt, bereiten, und Abends und Morgens Löffelweise nehmen. Sehr kräfftig ist nechst diesem auch das Elixir pestilentiale Crollii zur Präservation von X—XV biss XXV Tr. in Holunder-Blüthen oder Beerwasser, und dergleichen, täglich einmal genommen. Ingleichen sonderlich vor Kinder, das Hirschhorn-Elixir von 10, 15 biss 20 oder mehr Tropfen, welches auch des Magens wegen mit Wermuth, Krausemüntz- oder Zitwer-Essentz zu geben.

Vor arme Leute ist eine Theriacalische Essentz mit Hirschhorn-Saltz versetzt vorhanden, davon das Loth vor einen Gr. zu bekommen, und

Grund für diese locale Exacerbation lag in einer unterirdischen ohne Spülwasser belassenen Schleuse, die in einen offenen, des

---

theilhafftig auff 15—20 biss 30 Tropfen in gebrannten Wassern einzunehmen, welche bisshero aufm Lande vor die Ruhr mit gedachtem Magen-Essentzen vermischt, gar gut befunden worden. Von Latwergen verdient sonderlichen das Electuar. diascordii-Fracastorii, welches in dieser Krankheit ein gut specificum. It. guter Theriac, oder Mithridat, oder das güldene Ey, entweder so vor sich einer Erbiss oder Bohnen gross morgens auff die Zunge genommen, oder mit gebranten Wassern auffgelöset und Löffelweiss getrunken. Gleicher gestalt kan man auch unterschiedliche Küchlein von Spec. liberantis, von Flor. sulphuris myrrhatis bereitet, nützlich gebrauchen. Von einfachen Stücken dient sonderlich Zitwerwurtz, der weisse Costus wird fürnehmlich gerühmt, ein Stückl. in Mund genommen und gekauet, it. Muscaten-Nuss und -Blüth, Meisterwurtz, Angelic: wurtz, Liebstöckel, und dergleichen, zuvor in ein wenig Wein-Essig geweichet, davon man auch nach Belieben Pulver und Trisenetha, bereiten und Morgens und Abends eine Messerspitzen davon gebrauchen kann. Wer Gesinde hat, und sein Hauss gerne präserviren wil, kan obige Theriacalische Essentz tropfenweiss alle Morgē in gebrannten Theriacalischen Wassern, warmer Suppen oder Bier gebrauchen lassen, oder folgenden Gifftessig zurichten und ein Löfflein voll alle Morgen eingeben; als man nehme: Wacholderbeer, Lorbeer, Wermuth, Creutzsalbe, Hyssopē, Rauten, Holunderblüth, Odermennig, jedes eine Hand voll, Zitwer-wurtz, Angelic, Meisterwurtz, Tormentill, Alant, Baldrian, Dictam, Biebenell, jed 1 Loth, Terr. Sigillat, Armen-Bolus, roh gefeilt Hirschhorn, jed 1½ Loth, dieses zusammen klein geschnitten, theils gröblich gestossen; eine Kanne guten scharffen Weinessig und ein Nösel Wein darüber gegossen, 3 oder 4 Tage und Nacht an der Wärme stehen gelassen, hernach durch ein Tuch rein abgeseihet, und an einem frischen Orth zum Gebrauch aufgehoben. So ist auch dergleichen Gifft, Aquavit vor böse Luft, morgens darvon ein Löfflein voll zu trinken, in der Apotheken vorhanden, die Kanne pro 12 Gr. Aus obigen Speciebus zum Essig kan man auch mit Wein oder Holunderbeerwasser oder Essig so darüber gegossen ein Wasser brennen lassen und in Nothfall es also gebrauchen. Wer was mehrers drauff wenden wil, kan ein paar frische Citronen oder Pomerantzen mit Schalen, Safft und allen darunter schneiden, und auf vorerzehlte Weise zurichten und anwenden.

7. Euserlichen sol seine Wohnung wie seinen Leib, ein ieder auch fein sauber und rein halten, offt räuchern lassen, darzu dann sonderliche Raucher-Pulver mit und ohne Schweffel bereitet umb ein leichtes zu erkauffen verhandē; Weyrauch, Myrrhen, Agtstein, Mastix, Wachholderbeer uñ Holtz ist darzu auch bekant und nützlich. Das Haupt und Hertz vor böser Lufft zu bewahren dient ein guter Bezoardischer Balsam, sonderlich wañ man ausgehen will, an die Nasen gestrichen. It.

hinreichenden Abzugs entbehrenden, etwas höher .liegenden Abzugsgraben mündete.

Zitwer-Rauten-Agtstein-Angelic-Balsam etc. Ingleichen sonderlich bereitete Bisam oder Ambr. Knöpffl. bei sich getragen und offt daran gerochen. Der Engl.-Balsam, davon ein Tröpffl oder etl. in Mund genommen oder in die Nasen gestrichen, oder in Tüchlein oder Baumwollen gegossen, und daran gerochen, hat seines gleichen nicht. Und so viel von der Präservatïon, darbey letzlich noch zu merken, dass wer vollblüthig und zur Lüfftung zu rechter Zeit eine Ader springen lassen wolte, dem würde es gar erspriesslicher fallen.

8. Die Cur anlangend, wenn die Krankheit nur allbereit vorhanden, muss man ja nicht lange zusehen, balden zwar nicht stopffen, aber doch balden gute Bezoardica gebrauchen, damit stracks im Anfang die böse gifftige Art supprimiret, vom Hertzen mehr getrieben, als zugezogen werde, darzu dann oben erzehlte bewährte Praeservativ-Mittel ingesambt, ·welche hier nicht weitläufftig zu widerholen, jedoch in etwas stärkerer Dosi gebraucht, und darauff wohl geschwitzt, wohl dienen können. Insonderheit sind hierzu die kräftigen Bezoar-Pulver. Doct. Sennert, das rothe Sächs. Gifft-Pulver mit etwas linde anhaltenden und stopffenden Artzneyen vermischt, sehr fruchtbarlich zu adhibiren. Bey welchen der Leib unrein und mit vielen Wust beladen, die Krankheit aber da anfält, stehet es umb die Person gefährlich. Wolte man nun da ein Brechmittel versuchen, müsste gar linde und behutsam verfahren werden, damit nicht alles im Leibe auffrührisch und ärger gemacht würde, und muss man sonderlichen auch denen Brechmitteln niederschlagende Bezoardische Artzneyen zusetzen. Das süsse Mandel-Oel ist bei solchem Zustand zu lindern, zu abstergiren, auch bey manchem ein Brechen zu machen gar bequem, ein gantz oder halb Löfflein in Fleisch- oder Habergrützbrühe, so offt es nöthig genommen. Gemeine Leute brauchen auch wohl das Baumöhl gar mit gutem Nutzen, und kan jedes mit etwas Zucker vermischt werden. Dergleichen thun auch lind abstergirende Clystirlein von Gersten-, Graupen-, Habergrützsuppen, Erbirssbrühe, Milch, oder gestählten Molcken, gekochte Suppen von Schaffgedärm etc. mit Carminativkräutern gesotten, und mit Chamillen, Steinklee, Rautenöhl, oder Leinöhl versetzt, nach Erforderung der Patienten Zustand. Ein weisses abstergirend Gifftwasser vor die Ruhr öffters zu trinken, ist in der Officin in Vorrath bereitet vorhanden, die Kanne vor 8 Groschen und so man wil kan es mit etwas Zimmt- und Rosenwasser aromatisiret und mit grossen Nutzen zur Gesundheit des Patienten gebraucht werden. Empfindet der Patient gross Reissen, können äusserliche Kräuter-Säcklein in Milch gekocht und warm übern Nabel auffgelegt, viel bey der Sache thun. Ist der Durchbruch gar zu hefftig, kan man stopfende Artzneyen etwas stärker, mit obiger Bezoardicis vermischt, gebrauchen.

Vor Arme ist ein rothes und weisses Bezoar-Pulver vorhanden, dar

Zu Anfang des Jahres 1865 herrschten die Pocken in Zwickau, im April und Mai kamen einzelne Fälle von Cholera nostras vor, im Mai traten die Masern mit ungewöhnlicher In- und Extensität auf und herrschten bis in den August, in welchem Monate wieder einzelne Fälle von Cholera nostras vorkamen. Während des ganzen Sommers und bis in den Herbst hinein zeigten sich Erkrankungen an Meningitis cerebro-spinalis; in den Herbstmonaten Typhus, Croup und Diphteritis.

Während der Monate September bis November war der Gesundheitszustand ein guter.

Wechselfieber, die überhaupt in Zwickau äusserst selten sind, wurden auch im Jahre 1865 nicht beobachtet.

Am 20. November erkrankte in einem der zur Stadt Zwickau gehörigen Häuser des benachbarten, westlich von der Stadt in der Nähe des Bahnhofs gelegenen Dorfes Marienthal Nr. 43° C die 11½jährige Tochter des Bergarbeiters G. an Brechen und Durchfall, die Ausleerungen wurden bald reiswasserähnlich, es traten Krämpfe ein und Bewusstlosigkeit, und am 22. erfolgte der Tod. Bei dieser Gelegenheit brachte der behandelnde Arzt, Dr. Windisch, in Erfahrung, dass ein Bruder dieses Mädchens, der neunjährige G.

---

von das Quentlein pro 1 Groschen gegeben werden kan, welches mit anhaltenden Artzneyen vermischt, in dieser Seuche aufm Land auch gut befunden worden. Ingleichen auch die obenerwehnte Theriacalische Ruhr-Essentz so wol zur Vorsorge, als auch zur Cur armen Leuten, nächst Göttlicher Hülffe, wohl nützlich und zu guter Gesundheit wieder beförderlich ist. Es könten wohl mehr Mittel vorgeschlagen werden, weil es aber meist am rechten Glauben derselben gelegen, und von einem verständigen Medico nach Beschaffenheit des Zustandes, und wie es denen Kranken und jedem in individuo am dienlichsten, jederzeit vernünftig einzurichten, als mag es bey besagtem vor dieses mahl bewenden.

Der gütige barmherzige GOTT und Vater im Himmel, behüte unsere Stadt und das gantze Land, und uns allerseits, wie bisshero, also ferner, vor dergleichen anfallenden Seuchen, Krieg, Theurung und allen Bösen, und verhelffe gnädiglich, dass wir unser Leben also bessern, damit seine treue Vaterhand bewogen werde, die vor Augen schwebende Strafen zurückzuhalten, und dass wir in seiner Furcht wandeln, allerseits gesegnete des Herrn seyn, und vor allem Uebel befreyet bleiben mögen. Davor wollen wir seinen heiligen Nahmen preisen immer und ewiglich, und rühmen, dass er allein so Grosses an uns gethan, dass wir des fröhlich seyn können, Amen!

Ihme alleine sey Ehre in Ewigkeit! —

am 12. d. M. unter denselben Erscheinungen erkrankt und am 15. d. M. ohne ärztliche Hülfe gestorben war.

Ein Verkehr zwischen einem inficirten Orte und diesen ersten Fällen war trotz der sorgfältigsten Nachforschungen nicht nachzuweisen, eine Gelegenheitsursache zum Ausbruche der Krankheit war nicht bekannt. Die Wohnung war hell, trocken und luftig im ersten Stockwerke gelegen, der Abtritt war im Freien, ein primitives Brethäuschen am Rande der tiefer als das Haus gelegenen Dunggrube.

Am 21. d. M. erkrankte in dem auf dem rechten Ufer des Marienthaler Baches unfern gelegenen Hause derselben Vorstadt Nr. 42^b C. die $1\frac{1}{2}$jährige Tochter des Ziegelstreichers N., am 22. dessen Frau, wenige Stunden nach dieser deren elfjähriger Sohn: die erste starb nach 3 Tagen im Stadtkrankenhause, die zweite nach 12 Stunden, der Sohn ward gleichfalls in das Stadtkrankenhaus geschafft, starb aber 16 Stunden nach Ausbruch der Krankheit. Ob ein Verkehr zwischen G. und der Familie N. stattgefunden, hat sich nicht ermitteln lassen. Die Wohnung der letztern bestand aus Stube und Kammer zur ebenen Erde, beide Räume waren düster und feucht, die Dungstätte war weit entfernt vom Hause, mit vom Hause abfallender Neigung.

Am 24. kam der erste Cholerafall in der Stadt Zwickau selbst und zwar auf der Neugasse Nr. 474 A vor, bei einem elfjährigen Knaben, der im Verlaufe von 12 Stunden starb. Ausser in diesem Hause Nr. 474 kamen auf derselben Neugasse noch in vier Häusern in Nr. 476, 450, 481, 462 5 Choleratodesfälle vor, ferner in der Leipziger Vorstadt in Nr. 504 und 506 je einer, sowie auf der Schergasse in Nr. 558 einer, in Summa 14, wie des Nähern aus Gassentabelle Nr. 5 zu ersehen. Vgl. Atlas, Tab. 5.

Nach dem procentischen Verhältnisse ihres Befallenseins ordnen sich die Gassen von Zwickau wie folgt:

An Marienthal:	13 bewohnte Häuser:	davon befallen	2 = 15,4 %
Neugasse:	34	„	„	„	„	5 = 14,7 %
Schergasse:	33	„	„	„	„	1 = 3,0 %
LeipzigerVorstadt:	79	„	„	„	„	2 = 2,5 %

4 Gassen mit 159 bewohnt. Häusern, davon befallen 10 = 6,3 %

Von sämmtlichen 67 Gassen in Zwickau waren befallen: 4 = 6,0 %
„ „ 1201 bewohnten Gebäuden waren befallen: 10 = 0,8 %

Auf die 10 Häuser vertheilen sich die Todesfälle wie folgt:

Je 1 Todesfall kam vor in 7 Häusern = 70% der befallenen Häuser
            = 0,6 % der bewohnten Häuser
je 2 Todesfälle kamen „ „ 2 „ = 20 % der befallenen Häuser
            = 0,2 % der bewohnten Häuser
je 3 „ „ „ „ 1 Hause = 10 % der befallenen Häuser
            = 0,1 % der bewohnten Häuser

<u>14.</u>   <u>10.</u>

In einem bewohnten Hause kam somit durchschnittlich 1,4 Todesfall vor.

Die zwischen dem ersten und letzten in einem Hause vorgekommenen Todesfalle innenliegende Zeit betrug im Durchschnitt 4 Tage

    1 mal 9 Tage
    1 „ 2 „
    <u>1 „ 1 „</u>
    3 mal 12 Tage.

Die Dauer der Epidemie in Zwickau vom ersten bis zum letzten Todesfalle — 15. November bis mit dem 12. December gerechnet — betrug 28 Tage. Während dieser Zeit sind 14 Personen = 0,06 % der Bevölkerung an Cholera gestorben, es war somit die absolute tägliche Mortalität = 0,5: die procentische (bei einer Einwohnerzahl von 22,432 Seelen) 0,00002.

Auf die einzelnen Wochen vertheilen sich die Todesfälle wie folgt:

Erste Woche: 15. November bis mit 21. November = 1
Zweite „   22. „   „ „ 28. „ = 8
Dritte „   29. „   „ „ 5. December = 2
Vierte „   6. December „ „ 12. „ <u>= 3</u>
               14.

Die höchste Zahl von Todesfällen, die an einem Tage in Zwickau vorgekommen — am 22. November —, ist 2: die Geschwindigkeit des Steigens ist somit in Zahlen ausgedrückt = 0,2, die des Sinkens = 0,1.

Gestorben sind in Zwickau (excl. der Todtgeborenen)

   1861—1864   1864   1865
im Durchschnitt jährlich   637 = 2,8 %   895 = 4,0 %
   657,0   der Bevölkerung.   der Bevölkerung.
   an der Cholera 14 = 1,5 % der Verstorbenen.

Während also im Jahre 1864 auf 35,7 Lebende ein Gestorbener kommt, so im Jahre 1865 schon auf 23,8 Lebende ein Gestorbener.

Auf die einzelnen Monate vertheilen sich die 14 Todesfälle derart, dass auf den November 9

$\qquad$ „ December 5

$\qquad\qquad\qquad$ 14 kommen.

Das Verhältniss der in den einzelnen Monaten des Jahres 1865 Verstorbenen zu der Zahl der in den einzelnen Monaten der letzten vier Jahre im Durchschnitt Verstorbenen ist folgendes:

Es starben.

In den Jahren 1861—1864 im Durchschnitt jährlich (incl. 32,5 Todtgeborene)		1865 (incl. 46 Todtgeborene)	
		überhaupt	an Cholera
Januar	53,5	42	
Februar	56,2	61	
März	58,2	64	
April	60,4	43	
Mai	56,0	84	
Juni	57,0	92	
Juli	61,9	177	
August	60,2	106	
September	64,9	70	
October	56,9	58	
November	49,4	76	$9 = 11{,}8\ \%$
December	54,7	68	$5 = 7{,}3\ \%$
	689,3	941	$14 = 1{,}5\ \%$

Das Verhältniss der Zahl der in den einzelnen Monaten des Jahres 1865 in Zwickau Gestorbenen zu der Zahl der in demselben Jahre Geborenen geht aus folgender Uebersicht hervor:

	Geboren	Gestorben (incl. 46 Todtgeborene)
Januar	88	42
Februar	86	61
März	89	64
April	83	43
Mai	98	84
Juni	105	92
Juli	106	177
August	86	106
September	81	70
October	88	58
November	74	76
December	73	68
	1057	941

Die Zahl der Todesfälle überstieg also im Jahre 1865 die der Geburten in den Monaten Juli, August und November, die Durchschnittszahl aber der in andern Jahren Verstorbenen hauptsächlich gleichfalls in den genannten Monaten, ausserdem, wenn auch in geringerm Grade, noch im Mai, Juni und December. Hieraus ergibt sich, dass die Vermehrung der Sterblichkeit in Zwickau im Jahre 1865 nur zum kleinsten Theile auf Rechnung der Cholera kommt, zum weit grössern aber den andern früher genannten Krankheiten, namentlich den Nachkrankheiten der Masern zuzuschreiben ist.

Dem Alter nach starben in Zwickau mit Ausschluss der Todtgeborenen.

Im Alter	In den Jahren 1861—64 im Durchschnitt jährlich			Im Jahre 1865					
				überhaupt			an Cholera		
	männl.	weibl.	Sa.	männl.	weibl.	Sa.	männl.	weibl.	Sa.
von 0 — 1 Jahren	156,0	144,2	300,2	206	163	369	—	1	1
„ 1 — 3 „	44,7	49,7	94,4	86	102	188	—	1	1
„ 3 — 6 „				31	22	53	—	—	—
„ 6 — 14 „	10,0	8,0	18,0	12	14	26	2	2	4
„ 14 — 20 „	12,2	5,0	17,2	5	8	13	—	—	—
„ 20 — 30 „	22,0	19,7	41,7	24	18	42	—	1	1
„ 30 — 40 „	25,2	16,0	41,2	21	18	39	2	1	3
„ 40 — 50 „	19,5	13,2	32,7	24	17	41	—	—	—
„ 50 — 60 „	24,3	16,0	40,3	18	18	36	1	—	1
„ 60 — 70 „	16,0	16,7	32,7	23	14	37	1	1	2
„ 70 — 80 „	10,0	15,7	25,7	12	17	29	1	—	1
„ 80 — 90 „	5,0	7,5	12,5	8	14	21	—	—	—
Sa.	344,9	311,7	656,6	470	425	895	7	7	14.

Die Vermehrung der Sterblichkeit trifft also hauptsächlich die Altersklasse zwischen 1—6 Jahren, was die Annahme bestätigt, dass sie zum grössten Theil durch Masern und deren Nachkrankheiten bedingt war.

Die Temperatur übte insofern keinen nachweisbaren Einfluss auf die Epidemie aus, als dem Steigen der Temperatur in den Tagen vom 20. bis 24. November — siehe die beigefügte Temperatur-Tabelle (Atlas, Tab. 6) — keiné Vermehrung der Todesfälle nachfolgte, die erste fünftägige Pause vom 29. November bis zum 3. December auch nicht durch Frost eingeleitet war, wobei freilich die geringe Zahl von Todesfällen, um die es sich in Zwickau überhaupt handelt, und die geringen Temperaturschwankungen, die zu jener Zeit vorkamen, zu berücksichtigen sind.

5. Marienthal. *)

Marienthal, ein etwa eine Viertelstunde nordnordwestlich von Zwickau gelegenes Dorf mit 136 bewohnten Gebäuden und 1674 Einwohnern, welche Ackerbau, Bergbau und Weberei betreiben, liegt in einer von dem Marienthaler Bach durchflossenen Thalmulde. Am linken Gehänge derselben ist die zweite, aus Schieferletten, Sandstein und etwas Conglomerat bestehende Etage des Rothliegenden entblösst, über welcher auf der Höhe des Windberges eine Partie der dritten Etage liegt. Das rechte Gehänge des kleinen Thales wird meist von Lehm und Sand gebildet.

In einer Tiefe von 6—20 Ellen stösst man auf das Grundwasser; der durchschnittliche Wasserstand in den Brunnen beträgt 5—6 Ellen, das Trinkwasser ist stets gut und rein gewesen.

In Bezug auf Wohnung, Kleidung und Nahrung unterscheiden sich die Bewohner von Marienthal nicht von andern den niedrigen Ständen angehörigen Bewohner des Regierungsbezirks Zwickau; die Dichtigkeit der Bewohner in den Gebäuden ist von 11,2 im Jahre 1858 auf 12,2 am Schlusse des Jahres 1864 gestiegen, übersteigt also die durchschnittliche Dichtigkeit der sächsichen Dörfer (8,0). Wechselfieber sind daselbst nicht endemisch, auch nicht in vergangenem Sommer ausnahmsweise vorgekommen. Zu Anfange

---

*) Vgl. den Plan von Marienthal, Atlas, Taf. V.

es Jahres 1865 kamen in Marienthal einzelne Erkrankungen an
ilattern vor, im Sommer zeigten sich die Masern, jedoch nicht
ɔhr verbreitet, auch einzelne Fälle von Meningitis cerebro spinalis.
ämmtliche Cholerafälle mit Ausnahme eines einzigen traten in
em unterhalb des durch das Dorf sich hinziehenden Fahrweges
uf. Dass die im Dorfe zuerst erkrankte Person mit inficirten
ersonen in Berührung gekommen, hat sich nicht nachweisen
ıssen, die Wahrscheinlichkeit spricht jedoch um so mehr dafür, als
ı dem zur Stadt Zwickau gehörigen Dorfantheil, wie oben gezeigt,
m 15. November der erste Choleratodesfall vorgekommen war, die
ewohner von Marienthal übrigens sowol mit Zwickau als mit
em 1½ Stunde entfernten Werdau fortwährend einen regen Ver-
ehr unterhalten.

Am 19. November erkrankte der 70 Jahre alte Hausbesitzer W.,
nd starb am 20. Auf diese erste Erkrankung folgten am 24. No-
ɔmber drei, am 26. November 1, und am 1., 2., 3., 4. December je
.ne, im ganzen also 9, von welchen $5 = 0{,}3 \%$ der Bevölkerung mit
ein Tode endigten. Der letzte Todesfall kam am 4. December
ɔr, sodass also die Dauer der Epidemie vom ersten bis zum
ıtzten Todesfall gerechnet, 15 Tage beträgt, was im Durchschnitt
.ne absolute tägliche Mortalität von 0,3, im Verhältnisse zur
inwohnerzahl aber eine procentische von 0,02 ergibt.

Die höchste Zahl von Todesfällen — 2 — ist am 24. Novem-
ɔr vorgekommen, somit die Geschwindigkeit des Steigens vom
ullpunkte (19. November) bis zum Maximum (24. Novem-
ɔr) $= 0{,}4$: die des Sinkens bis zum Nullpunkte (5. Decem-
ɔr) $= 0{,}2$.

Die 5 Todesfälle fallen je auf ein Haus, es sind somit von
ɔn 136 bewohnten Gebäuden $5 = 3{,}7 \%$ befallen worden.

Nach den Monaten vertheilen sich die Todesfälle mit

3 auf den November,
2 „   „ December.

Nach den einzelnen Wochen

mit 3 auf die erste Woche vom 20. bis mit 26. November,
und zwar 1 am 20., 2 am 24. November,
mit 2 auf die zweite Woche vom 27. November bis mit 4. December,
und zwar 1 am 2., 1 am 4. December.

Gestorben sind in Marienthal (excl. der Todtgeborenen)

1861—1864	1864	1865	
		überhaupt	an Cholera
jährlich im Durchschnitt			
52,0.	56 = 3,3 %.	84 = 5,0 %.	5 = 5,9 %.
			der Verstorbenen.

Es kommt also im Jahre 1864 auf 25,7 Lebende ein Gestorbener,
1865 „ 18,6 „ „ „

Das Verhältniss der in den einzelnen Monaten des Jahres 1865 Verstorbenen zu der Zahl der in den einzelnen Monaten der vorhergehenden 4 Jahre im Durchschnitte Verstorbenen ist folgendes:

Es starben

	1861—1864	1865	
	Im Durchschnitt jährlich (incl. 6—8 jährlich Todtgeborene)	(incl. 6 Todtgeborene)	•
		überhaupt	an Cholera
Januar	8,7	4	
Februar	3,7	4	
März	5,5	6	
April	2,7	4	
Mai	2,7	8	
Juni	5,0	4	
Juli	4,7	10	
August	4,2	15	
September	3,7	15	
October	6,5	4	
November	5,2	10	3
December	6,0	3	2
	58,6	90	5

Geboren wurden

1861—1864 im Durchschnitt jährlich	1864	1865
97	108	104

Die Zahl der Geburten in den einzelnen Monaten des Jahres 1865 verhält sich zu der der Todesfälle wie folgt:

1865

	Geboren	Gestorben
Januar	7	4
Februar	8	4
März	11	6
April	7	4
Mai	9	8
Juni	12	4
Juli	5	13
August	8	15
September	10	15
October	14	4
November	9	10
December	4	3
	104	90

Die Zahl der Verstorbenen überstieg also im Jahre 1865 die der Geburten wesentlich nur in den Monaten Juli, August und September, die der durchschnittlich Verstorbenen ausser in den genannten Monaten auch im November. Die vermehrte Sterblichkeit in den erstgedachten Monaten betraf, wie sich aus der nachstehenden Tabelle ergibt, vorzüglich Kinder zwischen dem 1. und 6. Jahre und zwar zum Theil infolge von Masern und Cerebrospinal-Meningitis, zum Theil aber auch starben anscheinend gesunde Kinder ziemlich rasch ohne auffallende Krankheitserscheinungen.

Dem Alter nach starben in Marienthal mit Ausschluss der Todtgeborenen

im Alter	in den Jahren 1861—64 im Durchschnitt jährlich			im Jahre 1865					
				überhaupt			an Cholera		
	männl.	weibl.	Sa.	männl.	weibl.	Sa.	männl.	weibl.	Sa.
von 0 — 1 Jahren	13,5	10,7	24,2	21	16	37	—	—	—
„ 1 — 3 „	5,0	5,0	10,0	12	7	19	—	1	1
„ 3 — 6 „	0,5	0,7	1,2	3	4	7	—	1	1
„ 6 — 14 „	0,7	0,0	0,7	2	1	3	—	—	—
„ 14 — 20 „	0,7	0,0	0,7	—	1	1	—	—	—
„ 20 — 30 „	0,0	1,0	1,0	—	4	4	—	1	1
„ 30 — 40 „	1,0	1,2	2,2	1	2	3	1	—	1
„ 40 — 50 „	1,0	1,2	2,2	—	—	—	—	—	—
„ 50 — 60 „	1,5	1,7	3,2	2	3	5	—	—	—
„ 60 — 70 „	1,7	1,7	3,4	1	1	2	—	—	—
„ 70 — 80 „	0,5	1,7	2,2	1	1	2	1	—	1
„ 80 — 90 „	1,0	0,5	1,5	1	—	1	—	—	—
Sa.	26,4	25,4	51,8	44	40	84	2	3	5

6. Glauchau. *)

Glauchau, im Regierungsbezirk Zwickau, eine Stadt mit 1375 bewohnten Gebäuden und 19296 Einwohnern, deren hauptsächliche Beschäftigung Weberei und Handel mit Webewaaren ist, in einer mittlen Seehöhe von 800 Fuss, 3 Stunden nordöstlich von Zwickau, 5 Stunden südsüdöstlich von Altenburg, liegt am rechten Muldenufer in der Form eines Halbmondes auf 7 kleinen theils durch 4 Brücken, theils durch aufgeschüttetes Land zusammenhängenden Anhöhen in mässig bergiger milder und fruchtbarer Gegend. Die Stadt besteht aus der früher fest gewesenen kleinen, aber sehr gefälligen Innenstadt mit den beiden Schlössern, und aus folgenden Vorstädten: dem zwischen Mühlgraben und Mulde gelegenen Wehrdicht, der Oberstadt mit dem Zwinger, dem neuen Anbau, der Leipziger Strasse, dem grossen und kleinen Lehm- oder Lehngrund.

Eine langgestreckte muldenförmige Senkung mündet gerade auf jenen Theil der obern Stadt, den Schulplatz und den Zwinger, in welchem die ersten Cholerafälle vorkamen.

Glauchau liegt, wie Werdau, im Gebiete der dritten Etage des Rothliegenden, doch taucht unter dieser südlich von Glauchau die zweite Etage auf, welche aus weichen Sandsteinen, Schieferletten, und zum Theil festen Conglomeraten besteht. Es wiederholt sich dort gleichfalls das Verhältniss, dass diese Gebilde nur in den Thälern zu Tage austreten, während ausserdem das ganze Land mit den quartären Quarzgeröllen, Sandschichten und auch mit Lehm überschwemmt ist.

Der nächste Untergrund von Glauchau besteht aus aufgeschüttetem Land, Lehm und Kies. Die Tiefe der Brunnenschachte variirt zwischen 20 und 30 Ellen: im Zwinger und auf der Hoffnung gibt es gar keine: nur im Wehrdicht und den nach Süden zu liegenden Neubauten befinden sich einige, die aber im Sommer des Jahres 1865 allgemein kein Wasser gaben. Das Trinkwasser, vorwaltend Röhrwasser, ward theils von Lungwitz her in die Stadt geleitet, theils durch die nunmehr eingegangene Mühlgrabenwasserkunst hereingeschafft; letztere, die ein schlechtes, mit organischen Beimengungen stark verunreinigtes Wasser lieferte, versorgte den Markt, das Schloss, den Zwinger, die Hoffnung und die Leipziger

---

*) Vgl. den Plan von Glauchau, Atlas, Taf. VI.

4 *

Strasse. Die Wasserkunst befand sich in der Nähe des Mühl-
grabens an der Schlossmühle (jetzt Hedrich's Mühle).

Hundert Schritte aufwärts, bei Götze's Fabrik wurde das
Wasser gefasst, und anderweite 100 Schritt aufwärts mündet in
den Mühlgraben ein Graben ein, welcher hinter den Kahnis'schen
Häusern beginnt, hinter dem Theaterlocale durch einen tiefliegen-
den Teich hindurch, und von da durch die Gerbers'chen Gebäude
hinter der Superintendentur weg nach dem Mühlgraben geht,
welchem er alle Unreinigkeiten und Abgänge aus den an demselben
liegenden Häusern zuführt.

In Bezug auf Nahrung und Wohnung auch der niedern Stände
bietet Glauchau bessere Verhältnisse als Werdau.

Die Dichtigkeit der Bewohner in den Gebäuden ist niedriger als in Zwickau, höher als in Werdau, nämlich: 14,0 gegen
13,5 im Jahre 1858, 12,3 im Jahre 1855, und 8,2 im Jahre 1843.

Die Mortalität der letzten drei Jahre in Glauchau überstieg
die der übrigen grössern Städte des Landes in demselben Zeitraume: es kommt nämlich 1 Gestorbener auf Lebende

in Glauchau:	in den übrigen grössern Städten Sachsens (nach der Bevölkerungszahl am Schlusse des J. 1861 gerechnet)
1862 = 28,8.	33,7.
1863 = 30,6.	31,0.
1864 = 28,2.	28,9.
29,2 im Durchschnitt.	31,2 im Durchschnitt.

Im Jahre 1848 herrschte zum ersten Mal eine Choleraepidemie
in Glauchau, die zwar auf den niedrigsten Theil der Stadt, den
Wehrdicht, beinahe ausschliesslich localisirt blieb, jedoch durchaus
nicht so unbedeutend war, wie Pettenkofer nach der Bl. 128, l. c.,
ersichtlichen Bemerkung anzunehmen scheint; der bessern Uebersicht wegen werde ich die wichtigsten Momente der damaligen
Epidemie bei Schilderung der jüngsten vergleichsweise anführen.

In der ersten Hälfte des Jahres 1865 war der Gesundheitszustand im allgemeinen ein guter: Wechselfieber, die überhaupt
nicht dort vorzukommen pflegen, wurden auch in diesem Jahre
nicht beobachtet. Im Hochsommer zeigte sich die Meningitis cerebrospinalis in epidemischer, aber mässiger Ausbreitung. Vom
Monat September an traten Cholerinen auf, anfangs leicht und
gutartig, im October und November aber allmählich an Heftigkeit
zunehmend. Am 27. November erkrankte der 51 Jahre alte dem

Trunke etwas ergebene Buchbindermeister V. in Nr. 140 der Ober-
gasse, im ersten Stockwerke, unter den Erscheinungen der Cholera und starb nach 21 Stunden. Ungefähr 8 Wochen zuvor war
dessen Schwester aus Altenburg zum Besuche gekommen: dieselbe
war unterweges unwohl geworden und litt $2\frac{1}{2}$ Tage an heftiger
Cholerine; als sie sich wieder besser fühlte, reiste sie nach Dresden, ihrer Heimat, zurück. Dass sie nicht an wirklicher Cholera
gelitten, wird von dem behandelnden Arzte, Bezirksarzt Dr.
Leopold in Glauchau, ausdrücklich angegeben. Sechs Tage vor
der Erkrankung des V. ist bei demselben ein Commis W., wohnhaft in Werdau, in der Neustadt, zu Besuch gewesen, ohne jedoch
angeblich krank zu sein.

Am Morgen des 28. kamen drei neue Erkrankungen vor, in
der Kaisergasse Nr. 17, am Schulplatz und am Zwinger Nr. 337,
sämmtlich zu ebener Erde: ein Verkehr mit dem zuerst erkrankten V. oder mit andern Personen in inficirten Orten hat sich nicht
nachweisen lassen. Hinter dem befallenen Hause am Zwinger zog
sich ein offener Schlammgraben hin, der die Abfälle aus dem
höher gelegenen unmittelbar hinter dem Zwinger steil ansteigenden
Stadttheile aufnahm, und während der warmen Jahreszeit sehr
übel gerochen haben soll. An der Stelle, wo jetzt die Häuser des
Zwingers stehen, nebst der Strasse vor ihnen, war vor langer Zeit
ein tiefer Graben, der sich vom hintern Schlosse aus bis nach der
Gegend zu, wo der Schulweg nach dem Wehrdicht herabgeht, um
den südlichen Theil der innern Stadt herumzog und mit Wasser
gefüllt zu Vertheidigungszwecken für Stadt und Schloss, die zusammen auf einem Berge isolirt standen, diente.

Ueber die Reihenfolge, in welcher die einzelnen Gassen und
in diesen die einzelnen Häuser befallen wurden, sowie über die
Dauer der Strassen- und Hausepidemien gibt Tabelle 7 Aufschluss *).

Nach dem procentischen Verhältnisse ihres Befallenseins ordnen sich die einzelnen Strassen wie folgt:

---

*) Atlas, Tab. 7.

Schulplatz . . . . . 3 Häuser:	davon befallen	1 Haus	= 33,3 %
Am Graben 6	„	„	„	2 Häuser	= 33,3 %
Bezirksgerichtsplatz 4	„	„	„	1 Haus	= 25,0 %
Obergasse 14	„	„	„	2 Häuser	= 14,3 %
Zwinger 9	„	„	„	1 Haus	= 11,1 %
Töpferberg 9	„	„	„	1 „	= 11,1 %
Lehngrund 22	„	„	„	2 Häuser	= 9,1 %
Mühlgrabengasse . . 28	„	„	„	2 „	= 7,1 %
Hoffnung 87	„	„	„	5 „	= 5,7 %
Obere Quergasse . 18	„	„	„	1 Haus	= 5,5 %
Kaiserstrasse 17	„	„	„	1 „	= 5,9 %
Krankenhausstrasse 19	„	„	„	1 „	= 5,3 %
Markt 21	„	„	„	1 „	= 4,8 %
Nikolaigasse 21	„	„	„	1 „	= 4,8 %
Lindenstrasse . . . 24	„	„	„	1 „	= 4,2 %
Breitegasse 30	„	„	„	1 „	= 3,3 %
Schiessgasse 33	„	„	„	1 „	= 3,0 %
Leipziger Strasse . 69	„	„	„	2 „	= 2,9 %

18 Strassen mit 434 Häusern: davon befallen 27 Häuser = 6,2 %

Von sämmtlichen 94 Strassen in Glauchau waren befallen 18 = 19,1 %, von 1375 bewohnten Gebäuden 27 = 2,0 %. (Während bei der jüngsten Epidemie nur 9,4 % sämmtlicher Choleratodesfälle im Lehmgrunde vorgekommen sind, kamen bei der Epidemie im Jahre 1848 73,1 % auf den Lehmgrund, 21,1 % aber auf den Wehrdicht, diesmal 21,9 %.*) Die Zahl der damals befallenen Häuser lässt sich nicht ermitteln, weil in den damaligen Tabellen die Hausnummern nicht angegeben.)

Auf die befallenen Häuser vertheilen sich die 32 Todesfälle wie folgt:

je 1 Todesfall in 22 Häusern = 81,5 % = 1,6 % sämmtlicher bewohnter Gebäude (1375)

„ 2 Todesfälle in 5 „ = 18,5 % = 0,4 % 444

In einem befallenen Hause kamen somit durchschnittlich 1,2 Todesfälle vor.

---

*) Unter Wehrdicht versteht man alle zwischen Mühlgraben und Mulde befindlichen Strassen.

Die zwischen dem ersten und letzten in einem Hause vorgekommenen Todesfalle innenliegende Zeit betrug im Durchschnitt
4,2 Tage und zwar

$$
\begin{array}{r}
1 \text{ mal } 11 \text{ Tage} \\
1 \text{ „ } 4 \text{ „} \\
1 \text{ „ } 3 \text{ „} \\
1 \text{ „ } 2 \text{ „} \\
1 \text{ „ } 1 \text{ „} \\
\hline
5 \text{ mal } 21 \text{ Tage.}
\end{array}
$$

Die Dauer der Epidemie im Jahre 1865 vom ersten bis zum
letzten Todesfall — 28. November bis 25. December gerechnet —
betrug 28 Tage. In dieser Zeit sind an der Cholera mindestens
32 Personen = 0,2 % der Bevölkerung gestorben: es war somit die
absolute tägliche Mortalität = 1,1, die procentische Mortalität
(bei einer Einwohnerzahl von 19296 Seelen) = 0,005.

Auf die einzelnen Wochen vertheilen sich die Todesfälle wie folgt:

Erste Woche: 28. November bis mit 4. December	= 11 Todesfälle.
Zweite „ 5. December bis mit 11. „	= 14 „
Dritte „ 12. „ „ „ 18. „	= 4 „
Vierte „ 19. „ „ „ 25. „	= 3 „

$$
\overline{ 32 \text{ Todesfälle.}}
$$

Die höchste Zahl von Todesfällen, die in Glauchau an einem
Tage, am 8. December, vorgekommen, ist 4. Die Geschwindigkeit
des Steigens vom Nullpunkt (27. November) bis zum Maximum
(8. December) in Zahlen ausgedrückt, ist = 0,4. Die des Sinkens
vom Maximum bis zum Nullpunkte (26. December) = 0,2.

(Im Jahre 1848 kam der erste Todesfall in Glauchau am 25.
October, der letzte am 23. December vor. Während dieses Zeitraums von 60 Tagen starben mindestens 52 Personen = 0,5 % der
damaligen Bevölkerung (circa 10,000 Einwohner). Die absolute
tägliche Mortalität war = 0,9, die procentische tägliche Mortalität = 0,009.

Auf die einzelnen Wochen vertheilten sich damals die Todesfälle wie folgt:

Erste Woche: 25. October bis mit 31. October = 4 Todesfälle.
Zweite „ 1. November „ „ 7. November = 15 „
Dritte „ 8. „ „ „ 14. „ = 4 „
Vierte „ 15. „ „ „ 21. „ = 7 „
Fünfte „ 22. „ „ „ 28. „ = 4 „
Sechste „ 29. „ „ „ 5. December = 8 „
Siebente „ 6. December „ „ 12. „ = 6 „
Achte „ 13. „ „ „ 19. „ = 3 „
Neunte „ 20. „ „ „ 23. „ = 1 „

$$\text{52 Todesfälle.}$$

Die höchste Zahl von Todesfällen, die im Jahre 1848 an Einem
Tage — 1. November — in Glauchau vorkam, war 5. Die Geschwindigkeit des Steigens vom Nullpunkt (24. October) bis zum
Maximnm in Zahlen ausgedrückt ist $= 0{,}5$, die des Sinkens bis
zum Nullpunkte (24. December) $= 0{,}09$).

Gestorben sind in Glauchau

1861 — 64	1864	1865	
im Durchschnitt jährlich	(excl. 48 Todtgeb.)		
(excl. 42 Todtgeb. jährl.)		überhaupt	an Cholera
		(excl. 39 Todtgeb.)	
640	685 = 3,5 %	794 = 4,1 %	32 = 4,0 %
	der Bevölk.	der Bevölk.	der Verstorb.

Es kommt also im Jahre 1864 auf 28,7 Lebende, im Jahre 1865
auf 23,2 Lebende ein Gestorbener.

Auf die einzelnen Monate vertheilen sich die 32 Todesfälle
derart, dass auf den November 5
„ December 27 kommen.

[Im Jahre 1848 kamen 4 auf October
32 auf November
15 auf December

51.]

Das Verhältniss der Zahl der in den einzelnen Monaten des
Jahres 1865 Verstorbenen zu der Zahl der in den einzelnen Monaten
der vorhergehenden Jahre Verstorbenen ist folgendes:

Es starben (incl. der Todtgeborenen

1861 — 64 im Durchschnitt jährlich	1865	
	überhaupt	an Cholera
Januar 53,2	54	
Februar 48,4	69	
März 65,2	55	
April 56,0	75	
Mai 55,2	66	
Juni 55,2	49	
Juli 62,5	98	
August 68,4	75	
September 52,4	58	
October 54,5	68	
November 52,9	71	$5 = 7,0 \%$
December 57,4	95	$27 = 28,4 \%$
681,3.	833.	$32 = 4 \%$.

Geboren wurden in Glauchau:

1861 — 64 im Durchschnitt jährlich	1864	1865
961.	1046.	1095.

Das Verhältniss der Zahl der in den einzelnen Monaten des
Jahres 1865 Gestorbenen zu der der Geborenen ist aus folgender
Tabelle zu ersehen:

	Geboren wurden	Es starben überhaupt
Januar	90	54
Februar	93	69
März	105	55
April	96	75
Mai	101	66
Juni	100	49
Juli	94	98
August	82	75
September	83	58
October	89	68
November	77	71
December	85	95
	1095.	833.

Die Zahl der Geburten im Jahre 1865 ward also in gleicher Weise wie die der durchschnittlich vorkommenden Todesfälle nicht blos im December, sondern auch im Juli von der Zahl der Todesfälle überstiegen; wodurch im letztgenannten Monate die vermehrte Sterblichkeit bedingt war, ist aus den Mittheilungen der glauchauischen Herren Aerzte nicht zu ersehen; epidemisch soll damals, wie schon weiter oben gesagt, nur die Meningitis cerebrospinalis, aber in unbedeutender Ausbreitung geherrscht haben. Die Zahl der Todten in der Zeit vom 27. November 1865 bis zum 7. Januar 1866 = 118, übertrifft die durchschnittliche Anzahl der in den letzten vier Jahren während derselben Zeit Verstorbenen — 84 — aber nur um die Zahl der Choleratodesfälle, sodass die Annahme gerechtfertigt ist, dass in Glauchau nicht mehr Menschen an der Cholera gestorben sind, als in den officiellen Listen angegeben worden.

Dem Alter nach starben in Glauchau mit Ausschluss der Todtgeborenen

im Alter	in den Jahren 1861—64 im Durchschnitt jährlich			im Jahre 1865 überhaupt			im Jahre 1865 an Cholera		
	männl.	weibl.	Sa.	männl	weibl.	Sa.	männl.	weibl.	Sa.
von 0. — 1. Jahren	195,5	137,7	333,2	250	186	436	2	—	2
„ 1. — 3. „	55,5	55,2	110,7	55	60	115	—	—	—
„ 3. — 6. „	8,5	6,7	15,2	5	12	17	—	—	—
„ 6. — 14. „	5,7	5,5	11,2	11	4	15	—	3	3
„ 14. — 20. „	12,0	11,7	23,7	11	14	25	2	4	6
„ 20. — 30. „	14,5	14,5	29,0	8	24	32	6	1	7
„ 30. — 40. „	12,5	10,5	23,0	19	17	36	4	4	8
„ 40. — 50. „	12,5	6,7	19,2	18	21	39	5	—	5
„ 50. — 60. „	12,5	10,7	23,2	25	19	44	1	—	1
„ 60. — 70. „	9,2	12,0	21,2	12	12	24	—	—	—
„ 70. — 80. „	3,0	1,7	4,7	3	8	11	—	—	—
„ 80. — 90. „	0,2	—	0,2	—	—	—	—	—	—
„ 90. — 100. „	—	—	—	—	—	—	—	—	—
Sa.	341,6	272,9	614,5	417	377	794	20	12	32

Die vermehrte Sterblichkeit betrifft also ganz insbesondere die Altersklasse vor erfülltem 1. Lebensjahre, in geringerm Grade die zwischen 50 und 70, und zwischen 80 und 90. (Im Jahre 1848 starben in Glauchau an der Cholera.

								männl.	weibl.	Sa.
im Alter von	2	bis mit	3	Jahren:	1	—	1
„ „ „	3	„ „	6	„	1	1	4*)
„ „ „	6	„ „	14	„	3	3	6
„ „ „	14	„ „	20	„	—	1	1
„ „ „	20	„ „	30	„	3	8	11
„ „ „	30	„ „	40	„	2	4	6
„ „ „	40	„ „	50	„	7	5	12
„ „ „	50	„ „	60	„	4	1	5
„ „ „	60	„ „	70	„	1	4	5
„ „ „	70	„ „	80	„	1	—	1
					24.	28.	52.

In Betreff des Einflusses der Witterung auf Ab- oder Zunahme der Epidemie wollen Einige der glauchauer Aerzte bei Kälte Abnahme, bei Nässe Zunahme derselben bemerkt haben. Der Einfluss der Temperatur ist nur insofern auffällig, als nach Ausweis der beifolgenden Uebersicht erst nach dem wiederholten Herabgehen der Mitteltemperatur unter 0, am 12. und 13. December, die erste zweitägige, vom 16.—18. und vom 20.—22. je eine dreitägige Pause der Todesfälle eintrat, deren vom 26. an keiner mehr vorkam.**)

7. Elsterberg.***)

Elsterberg, im Regierungsbezirke Zwickau, eine Stadt mit 305 bewohnten Gebäuden und 3557 Einwohnern, deren Hauptbeschäftigung die Weberei ist, liegt in einer mittlern Seehöhe von 966 par. Fuss in einer etwas felsigen, doch reizenden Gegend (die Voigtländische Schweiz genannt) am linken Ufer der Weissen Elster, drei Stunden nördlich von Plauen, im Gebiete des alten Schiefergebirges, welches man bisher für Urthonschiefer hielt. Neuerdings ist diese Deutung zweifelhaft geworden: namentlich erinnert sich der Geh. Bergrath Naumann in Leipzig, in einem Kalksteinlager bei Elsterberg deut-

---

*) Bei zwei Kindern war das Geschlecht nicht angegeben.

**) Atlas, Tab. 8. Da in Glauchau keine meteorologische Station besteht, so mussten die Beobachtungen der Station Zwickau, die ungefähr in derselben Höhe über dem Meere wie Glauchau und nur 3 Stunden nordnordöstlich davon liegt, benutzt werden.

***) Vgl. den Plan von Elsterberg, Atlas, Taf. VII.

liche Stielglieder von Krinoiden, also von marinen Thieren gefunden
zu haben, sodass hiernach jene Schiefer in die silurische oder cam-
brische Formation verwiesen werden müssen. Die Stadt steigt
vom Ufer der Elster aus in der Richtung von Nord nach Süd
und von Ost nach West mässig an. Die Elster macht bei Elsterberg
einen grossen, mit der Concavität nach der Stadt zu gewendeten Bo-
gen, und tritt im Frühjahr häufig aus, wobei sie die zwischen den
auf einem Steilrande gelegenen vordern Häusern des Pfarrgartens
und dem Flusse befindlichen Wiesen überschwemmt; im Frühjahr
1865 soll eine solche Ueberschwemmung infolge des starken
Schneefalles am 28. März eine ungewöhnliche Höhe erreicht haben.
Der Untergrund der Stadt besteht aus Lehm von mehr oder
weniger grosser Mächtigkeit, Sand und Leberfelsen. Die Lehmschicht hat an dem vordern und tiefern Theile der Stadt nach
dem Flusse zu eine Mächtigkeit von 11 Ellen: der Lehm wird
dort je tiefer je sandiger, bis man schliesslich auf Flusssand oder
Kies stösst. Der einzige in Gang befindliche Brunnen in Elsterberg
(auf dem Plane mit I bezeichnet) liefert ein untrinkbares hartes
Wasser: die beiden andern auf dem Plane eingezeichneten Brunnen,
deren Tiefe 18—20 Ellen betragen haben mag, sind vor ungefähr
20 Jahren zugeschüttet worden, weil in dem einen fast gar kein
Wasser war, das Wasser des andern aber zu viel Salpeter (?)
enthielt. Die Mächtigkeit der Lehmschicht nimmt nach Westen
hin fortwährend zu, sodass man in dem weiter vom Flusse entfernten
Theile der Stadt gar keinen Versuch gemacht hat, Brunnen an-
zulegen. Als Trinkwasser wird ausschliesslich ein durch Röhren
zugeleitetes am andern Ufer der Elster gelegenes Quellwasser benutzt, dessen Reinheit im Jahre 1865 unverändert war. Zur Zeit
der Choleraepidemie ward das Trinkwasser wol ausschliesslich
aus dem am Markte befindlichen Röhrenständer geholt, weil damals die neue Trinkwasserleitung noch nicht fertig war.

Die grösstentheils armen Bewohner leben sehr einfach, wol
gar dürftig von vorwaltend vegetabilischer Kost und Kaffee, und
wohnen in niedrigen, meist kleinen Zimmern.

Die Dichtigkeit der Bewohner in den Gebäuden hat von 11,2
im Jahre 1858 auf 11,7 am Schlusse des Jahres 1864 zugenommen,
somit noch nicht die mittlere Dichtigkeit der sächsischen Städte
(14,7) erreicht.

Die Mortalität in den letzten drei Jahren war geringer als
die durchschnittliche Mortalität in den übrigen kleinern Städten

Sachsens während des gedachten Zeitraums. Es kam nämlich
1 Gestorbener auf Lebende

in Elsterberg	in den übrigen kleinern Städten Sachsens (nach der Bevölkerungszahl am Schlusse des Jahres 1861 gerechnet)
1862 = 25,3	33,69
1863 = 32,5	31,42
1864 = 41,8	30,92
34,2 im Durchschnitt	32,01 im Durchschnitt.

Im Juni und Juli 1865 war die Cholera in Elsterberg ziemlich
verbreitet, Anfang August trat der Typhus abdominalis heftig auf,
und hielt bis zum Beginn der Cholera an *). Im September zeigte
sich Dysenterie zum Theil mit tödlichem Ausgang. Am 25. November erkrankte nachmittags 5 Uhr der Handarbeiter T., wohnhaft in Nr. 59 Tillich's Gässchen, an heftigen Leibschmerzen, Brechen und Durchfall. Derselbe hatte sich ohne je vorher in die Nähe
von Cholerakranken gekommen zu sein oder einen von Cholera
inficirten Ort berührt zu haben, am Mittag desselben Tages gesund
auf Waldarbeit begeben. Die Stuhlgänge und das Erbrechen
wiederholten sich fast alle Viertelstunden unter heftigen Leibschmerzen und Wadenkrämpfen bis zum 26. vormittags. Am 26.
abends war der Kranke collabirt, kühl, schwer besinnlich, die
Zunge feucht und wenig belegt; Diarrhöe und Erbrechen hatten
seit Vormittag sistirt. Der Leib war mässig aufgetrieben, teigig
anzufühlen, gegen Druck empfindlich, der Radialpuls war kaum
zu fühlen, die Elasticität der Haut sehr vermindert. Der Kranke
war sehr unruhig, versuchte fortwährend aus dem Bett zu springen,
und entleerte wiederholt willkürlich reichliche Mengen von Urin.
Am 27. vormittags verstarb T. An demselben Tage starb ein
1½ jähriges Kind von T., welches tags zuvor gleichfalls an Brechdurchfall erkrankt war. Dieses zuerst befallene Haus ist ein
altes kleines Haus, hinter welchem das Terrain mässig ansteigt.
In demselben wohnte zur Zeit der Erkrankung des T. ausser der
Familie desselben nur noch die ledige 34 Jahre alte M. mit 2 Kindern;

---

*) Auch nach dem Erlöschen der Cholera trat wieder Typhus auf, und
zwar vorwaltend in dem von der Cholera heimgesuchten Stadttheile, eine
Erscheinung, die der von Liebermeister (deutsche Klinik 1865. Nr. 10)
aufgestellten Behauptung widerspricht, dass an dem Typhus beinahe ausschliesslich Individuen erkranken, die ihr Trinkwasser aus Pumpbrunnen ent-
nehmen.

nach dem Tode des T. zog dieselbe mit ihren Kindern in das Haus Nr. 44 am Pfarrgarten. In der Nacht vom 28. zum 29. erkrankte der 10½ Jahre alte Knabe M., wohnhaft in der Langen Gasse Nr. 35, in der Nacht vom 29. zum 30. die M. in Nr. 44 mit ihren zwei Kindern, und alle vier starben noch am 30. Am letztern Tage erkrankte die Leichenwäscherin A., 62 Jahre alt, wohnhaft in der Pfortengasse Nr. 234, und starb am 4. December. In demselben Hause und derselben Gasse erkrankte weiter niemand. Inzwischen waren in dem an der Elster Nr. 32 belegenen Armenhause zwei Krankenzimmer zum Choleraspital eingerichtet, auch Veranstaltung getroffen worden, dass die Effecten der an der Cholera Verstorbenen hier einer Desinfection unterworfen würden. Nachdem mehrere Glieder der M.'schen Familie in dem Choleraspital am 30. November verstorben waren, erkrankte an demselben Tage in dem benachbarten Hause Nr. 33, welches wie das Armenhaus am Fusse des Steilrandes gelegen ist, auf welchem sich die Gasse Pfarrgarten befindet, der zweijährige Knabe Z. und starb am 1. December. In der Nacht vom 30. November zum 1. December erkrankte in dem Hause Lange Gasse Nr. 35 Frau S. und starb am 1. Die übrigen Todesfälle kamen in und neben dem Armenhause, auf dem Pfarrgarten, in der Langen Gasse, auf der Greizer Strasse, im hintern Viertel, und (1 Fall) am Markte vor, wie sich aus Tabelle 9*) näher ergibt.

Nach dem procentischen Befallensein ordnen sich die Gassen wie folgt:

An der Elster . .	2 Häuser,	davon befallen	2	=	100,0 %
Pfarrgarten	15 „	„	„	3	=	20,0 %
Greizer Strasse .	11 „	„	„	2	=	18,2 %
Tillich's Gässchen.	8 „	„	„	1	=	12,5 %
Pfortengasse . . .	9 „	„	„	1	=	11,1 %
Hinteres Viertel .	13 „	„	„	1	=	7,7 %
Lange Gasse . . .	39 „	„	„	2	=	5,1 %
Am Markt	22 „	„	„	1	=	4,5 %

8 Gassen mit 119 Häusern, davon befallen 13 = 10,9 %

Von sämmtlichen 25 Gassen Elsterbergs waren befallen

$$8 = 32{,}0 \, \%$$

Von sämmtlichen 305 bewohnten Gebäuden waren befallen

$$13 = 4{,}3 \, \%.$$

*) Atlas, Tab. 9.

Auf die 13 Häuser vertheilen sich die 28 Todesfälle wie folgt:

je 1 Choleratodesfall kam vor in 5 Häusern = 38,5 % = 1,6 %
der bewohnten Gebäude in Elsterberg

„ 2 Choleratodesfälle kamen vor in 6 Häusern = 46,1 % = 2,0 %
der bewohnten Gebäude in Elsterberg

„ 5 „ kamen vor in 1 Hause = 7,7 % = 0,3 %
der bewohnten Gebäude in Elsterberg

„ 6 „ kamen vor in 1 Hause = 7,7 % = 0,3 %
der bewohnten Gebäude in Elsterberg

28. 13.

In einem befallenen Hause kamen somit durchschnittlich 2,1 Todesfälle vor.

Die zwischen dem ersten und letzten in einem Hause vorgekommenen Todesfalle innenliegende Zeit betrug im Durchschnitt 5,3 Tage, und zwar

1 mal ½ Tag
2 „ 1 „
1 „ 6 „
1 „ 7 „
1 „ 8 „
1 „ 9 „
1 „ 11 „

8 mal 42,5 Tage

Die befallenen Häuser lagen zum Theil am Fusse eines Steilrandes, wie Nr. 32, 33, 14, 16, bei welchen der Abtritt hinter dem Hause, zwischen diesem und der Bergwand befindlich, zum Theil waren sie mit Menschen überfüllt, wie z. B. Nr. 35.

Die Dauer der Epidemie in Elsterberg vom ersten Todesfall (am 26. November) bis zum letzten (14. December) betrug 19 Tage. In dieser Zeit sind mindestens 28 Personen = 0,8 % der Bevölkerung an Cholera gestorben: die absolute tägliche Mortalität war also = 1,5, die procentische tägliche, bei einer Einwohnerzahl von 3557 Seelen = 0,04 %.

Auf die einzelnen Wochen vertheilen sich die Todesfälle wie folgt:

Erste Woche: 26. November bis mit 2. December = 11
Zweite „ 3. December „ „ 9. „ = 12
Dritte „ 10. „ „ „ 16. „ = 5

Die höchste Zahl von Todesfällen, die an einem Tage vorkam, war 4 (am 30. November). Die Geschwindigkeit des Steigens der

Epidemie vom Nullpunkt (am 25. November) bis zum Maximum ist $= 0{,}8$: die des Fallens vom Maximum bis zum Nullpunkt (am 15. December) $= 0{,}3$.

Gestorben sind in Elsterberg:

1861 — 1864 im Durchschnitt jährlich (excl. der 5,7 Todtgeb. jährl.)	1864 excl. der 9 Todtgeb.	1865 (excl. der 6 Todtgeb.)	
		überhaupt	an der Cholera
105,2	$85 = 2{,}1\,\%$	$158 = 4{,}4\,\%$	$28 = 17{,}7\,\%$ der Verstorb.

Es kommt also im Jahre 1864 auf 39,5 Lebende 1 Gestorbener, im Jahre 1865 auf 21,7 Lebende.

Auf die einzelnen Monate des Jahres vertheilen sich die 28 Todesfälle derart, dass

auf den November 6

„ „ December 22

28 fallen.

Das Verhältniss der in den einzelnen Monaten des Jahres 1865 Verstorbenen zu der Zahl der in den einzelnen Monaten der vorhergehenden Jahre durchschnittlich Verstorbenen ist folgendes:

Es starben
(incl. der Todtgeborenen)

1861 — 64 im Durchschnitt jährlich		1865		
		überhaupt	an Cholera	
Januar	14 5	13		
Februar	6 ,9	16		
März	8,4	11		
April	9,7	15		
Mai	12,2	18		
Juni	11,2	10		
Juli	10,7	8		
August	5,9	10		
September	6,7	11		
October	7,2	6		
November	6,7	14	$6 = 42{,}8\,\%$ d. V.	
December	7,9	32	$22 = 68{,}7\,\%$ d. V.	
108,0		164	28.	

Es wird also die Zahl der in den einzelnen Monaten der vorhergehenden Jahre durchschnittlich Verstorbenen nicht blos im

November und December, sondern auch in den Monaten Februar
bis Mai, August und September von der entsprechenden Zahl der
im Jahre 1865 Verstorbenen überstiegen.

Die Zahl der in der Zeit vom 1. October bis letzten December
1865 Verstorbenen (52) überschreitet die in demselben Zeitraume
der vorhergehenden 4 Jahre durchschnittlich Gestorbenen (21,8)
beinahe gerade um die Zahl der Choleratodesfälle, sodass die
Annahme gerechtfertigt ist, dass in Elsterberg nicht mehr Menschen
an Cholera gestorben sind, als officiell angegeben worden.

Geboren wurden in Elsterberg:

1861 — 64	1864	1865
im Durchschnitt jährlich		
156.	147.	174.

Das Verhältniss der Zahl der in den einzelnen Monaten des
Jahres 1865 Gestorbenen zu der der Geborenen geht aus der
folgenden Uebersicht hervor:

	Geboren	Gestorben
Januar	18	13
Februar	10	16
März	9	11
April	12	15
Mai	13	18
Juni	16	10
Juli	19	8
August	11	10
September	18	11
October	13	6
November	17	14
December	18	32
	174.	164.

Die Zahl der Geburten wird also im Jahre 1865 nicht blos
im December, sondern auch in den Monaten Februar bis mit Mai
von der der Todesfälle überstiegen, und zwar war die vermehrte
Sterblichkeit in den gedachten Monaten, die, wie aus der nachstehenden Zusammenstellung zu ersehen, vorzüglich Kinder vor
erfülltem 1. Jahre, nach dieser die Altersklasse von 6 — 14 Jahren
betraf; im Februar durch Halsbräune, im April und der ersten
Hälfte des Mai durch Masern bedingt; ausserdem starben aber
auch viel Kinder ohne bekannte Ursache.

Dem Alter nach starben in Elsterberg mit Ausschluss der Todtgeborenen

im Alter	in den Jahren 1861—64 im Durchschnitt jährlich			im Jahre 1865					
				überhaupt			an Cholera		
	männlich	weiblich	Sa.	männlich	weiblich	Sa.	männlich	weiblich	Sa.
von 0 bis mit 1 Jahren	21,7	14,7	36,4	35	23	58	2	—	2
„ 1 „ 3 „	11,5	11,2	22,7	15	6	21	5	1	6
„ 3 „ 6 „	2,2	1,7	3,9	2	5	7	—	1	1
„ 6 „ 14 „	1,5	1,2	2,7	5	4	9	2	1	3
„ 14 „ 20 „	1,5	1,7	3,2	1	3	4	—	—	—
„ 20 „ 30 „	2,7	3,2	5,9	1	2	3	—	3	3
„ 30 „ 40 „	3,7	2,2	5,9	7	5	12	3	3	6
„ 40 „ 50 „	3,5	2,5	6,0	2	2	4	1	2	3
„ 50 „ 60 „	3,2	3,5	6,7	7	4	11	1	1	2
„ 60 „ 70 „	1,7	3,2	4,9	6	6	12	1	1	2
„ 70 „ 80 „	1,2	0,2	1,4	6	6	12	—	—	—
„ 80 „ 90 „				3	2	5	—	—	—
Sa.	54,4	45,3	99,7	90	68	158	15	13	28

Die Temperatur hatte, wie sich aus der beigefügten Tabelle 10 ergibt, insofern einen Einfluss auf die Epidemie, als die beiden ersten Pausen in den Todesfällen am 10. und 12. December durch ein Herabgehen der Mitteltemperatur bis auf 0 und — 1 am 9. und 10. eingeleitet waren: der Erhebung der Temperatur bis auf +1° am 11. folgte am 13. eine Erhebung der Todesfälle bis auf 3, dem Sinken der Mitteltemperatur unter 0 vom 12. an das Erlöschen der Epidemie am 15. Da Elsterberg keine meterologische Station besitzt, so mussten die Beobachtungen der in Plauen befindlichen benutzt werden, welche Stadt 3 Stunden südlich und etwa 200 Fuss höher liegt als Elsterberg. *)

Zweiter Abschnitt.

Entstehung, Verbreitung, Dauer und Intensität der Cholera in den Orten mit Hausepidemien und einzelnen Fällen.

1) Knau. Dorf im Ostkreise des Herzogthums Sachsen-Altenburg: 30 bewohnte Gebäude mit 187 Einwohnern, die sich hauptsächlich mit Landwirthschaft beschäftigen. Der Ort liegt etwa 1 Stunde nördlich von Altenburg, eine halbe Stunde von Rasephas, an dem Punkte, wo sich die Blaue Flut, die, von Altenburg kommend, durch Rasephas durchgeht, mit dem Deutschen Bache, vereinigt, in einer flachen Thalmulde. Bis nach Knau lässt sich von Altenburg aus der dem Rothliegenden angehörende hellfarbige Sandstein verfolgen, welcher über dem theils frischen, theils zersetzten Porphyrit abgelagert ist. An einigen Stellen tritt der Porphyrit zu Tage aus, an andern ist er von Geröll, Sand und Lehm bedeckt.

Am 11. September begab sich ein dreizehnjähriger Schulknabe St. nach genossenem Morgenkaffee von Knau in die eine halbe Stunde weit entfernte Schule nach Zschernitsch, aus welcher er aber wegen Unwohlseins vom Lehrer nach Hause geschickt ward.

Wegen des eingetretenen Brechdurchfalls ward sofort ärztliche Hülfe in Anspruch genommen; bevor jedoch Arzt uud Arznei

---

*) Vgl. Atlas, Tab. 10.

angelangt waren, war der Kranke (gegen 2 Uhr nachmittags) schon verschieden,

2) Nobis, Dorf im Ostkreise des Herzogthums Sachsen-Altenburg, mit 86 bewohnten Gebäuden uud 568 Einwohnern, 1 Stunde in südöstlicher Richtung von Altenburg entfernt, an beiden Ufern eines Bächleins, liegt in dem Pleissenthale, das an dieser Stelle breit, und mit sanft abfallenden aus Sand und Lehm bestehenden Gehängen versehen ist, von Nobis bis Remsa aber sich fast horizontal ausbreitet. Hier erkrankte am 20. September Frau D., 61 Jahre alt an Cholera und starb nach 50 Stunden. Verschleppung war aus Altenburg nachzuweisen, wo die Tochter der D. eine der zuerst an Cholera Erkrankten, die jedoch genas, in Nr. 801 hinter der Mauer wohnte.

3) Windischleuba, ein Dorf im Ostkreise des Herzogthums Sachsen-Altenburg mit 78 bewohnten Gebäuden und 545 Einwohnern, 1 Stunde in nordöstlicher Richtung von der Stadt Altenburg entfernt, liegt in der fast horizontalen, breiten, von Lehm und neuern Alluvionen gebildeten Thalsohle auf dem linken Ufer der Pleisse. — Am 1. October nahm die 61 Jahre alte Häuslersfrau K. ihre siebenjährige Enkeltochter, die in Altenburg in Nr. 1181 bei der Scharfrichterei, einem Hause, in welchem damals schon 6 Erkrankungen au Cholera vorgekommen waren, wohnte, zu sich, um sie vor der Erkrankung an Cholera zu schützen. Am 3. October, vormittags 9 Uhr, erkrankte das Kind au Cholera, ward am 4. in die Wohnung des Vaters nach der Stadt zurück, gebracht, woselbst es wieder genas. Am 6. October erkrankte die alte K. in Windischleuba und starb am 7.

4) Borgishain, Dorf im Ostkreise des Herzogthum Sachsen-Altenburg mit 22 bewohnten Gebäuden und 127 Einwohnern, dicht bei Windischleuba, nordwestlich davon gelegen, in denselbeu geognostischen Verhältnissen wie dieses. Hier erkrankte am 20. October, nachmittags 4 Uhr, der Kleber *) P., 40 Jahre alt, der bis dahin täglich in Altenburg auf Arbeit gewesen war, an Cholera und starb nach 6 Stunden.

---

*) Kleber ist ein Mann, welcher Holzscheite spaltet und zurichtet, sie zwischen den Balkenlagen der Stockwerke befestigt, Lehm und zerschnittenes Stroh, die nass gemacht worden sind, mit den Füssen durcheinandertritt, mit dieser Masse die eingezogenen Hölzer überklebt und so die Decken der Stuben herstellt.

5) **Leipzig**, Stadt im Königreich Sachsen, Regierungsbezirk Leipzig, mit 2501 bewohnten Gebäuden und 85394 Einwohnern, 5¹/₅ Meilen nördlich von Altenburg, in 312 Fuss mittlerer Seehöhe, liegt in der breiten Thalaue an der Confluenz der Elster, Pleisse, Parthe, der Zweinaundorfer und Eutritzscher Rietschke, im Gebiete der Braunkohlenformation, welche im Johannisthale und anderwärts mehrfach nachgewiesen worden ist. Ueber diese Formation sind jedoch die quartären Geröll- und Sandmassen der Sand- und Kiesgruben fast stetig, und dann mehr oder weniger unterbrochen die Lehmablagerung mit nordischen Geschieben und Blöcken ausgebreitet, weshalb diese neuern Bildungen zumeist den Untergrund bei Leipzig bilden, und durchsunken werden müssen, bevor man die Thone und Sande der Braunkohlenformation erreicht. Hier erkrankte am 21. October eine 49 Jahre alte Waschfrau, die nachweisbar keinen Verkehr mit einem inficirten Orte gehabt, an Cholera und starb nach 11 Stunden.

Diese Frau, eine sehr bedeutende Schnapssäuferin, hat auf der Ulrichsgasse gewohnt, ist aber kurz vor ihrem Tode in die Teichstrasse Nr. 1 gezogen. Dieses Haus liegt am Kanonenteiche, einem Tümpel von circa 200 Schritt Umfang, der augenblicklich fast ausgefüllt ist, in der grossen Mulde, in der die ganze südöstliche Vorstadt sammt dem hart an Teichstrasse Nr. 1 angrenzenden Johannisthale liegt. Das Haus ist neuern Ursprungs, vier Etagen hoch, voller kleiner Logis, dicht bevölkert. Das Wohnzimmer der Kranken liegt zwischen Abtritt, Grube und Treppe, und unter demselben hinweg führt ein Kanal aus dem Abtritt in die Grube. Die Strasse zieht sich in der Richtung von Nordost nach Südwest hin, die Abtritte in den Häusern sind im ganzen gut.

Die Bewohner des fraglichen Hauses wie der benachbarten Häuser bezogen ihr Trinkwasser aus einem Pumpbrunnen am Ende der Webergasse, dessen Wasser sehr gesucht ist. Röhrwasser, zum Gebrauche als Trinkwasser tauglich, gab es vor der am 1. Januar 1866 eröffneten neuen städtischen Wasserleitung gar nicht.

Die guten Brunnen in jener Gegend in Leipzig sind tief: man erreicht in ihnen Wasser nach dem Durchsinken von 5 — 7 Ellen Sand, 1 — 1¹/₂ Elle Letten, 1 Elle Braunkohle, 1 Elle Letten, dann Kies und Sand; in diesem Sande steht das Wasser an; jener Brunnen in der Webergasse mag 15 Ellen tief sein, der Wasserstand ist je nach der Wasserentnahme schwankend, wie bei allen Brunnen in der Stadtgegend, leicht auszupumpen: namentlich im letzten Herbst war der Wasserstand in den Brunnen niedriger als je zuvor. In vielen andern Brunnen des östlichen Theils der Vorstadt wie der innern Stadt ist das Wasser oft trüb, kaum geniessbar; im südlichen Stadttheile um den Bairischen Bahnhof herum ist das Wasser gut, weil hier über der wasserführenden Schicht kein Sand liegt, wie in den andern Stadttheilen, der für Grubeninhalt leicht durchlässig ist.

Bei den frühern Choleraepidemien in den Jahren 1849 und 1850 war die fragliche Stadtgegend, die noch jetzt von der Mehrzahl der Armen Leipzigs bewohnt wird, was früher jedoch in noch höherm Grade der Fall war, arg heimgesucht. In erstgenanntem Jahre währte die Epidemie von Mitte August bis October, 1850 von Mitte Juli bis Ende September. Bei der ersten erkrankten 751 Personen, davon starben 306 = 40,7 % der Erkrankten und 6,5 % der Bevölkerung, bei der zweiten erkrankten 760 und starben 320 Personen = 42,1 % der Erkrankten und 0,5 % der Bevölkerung.

Der Gesundheitszustand in Leipzig ist im Allgemeinen ein guter. Gestorben sind in Leipzig 1861 — 64

im Durchschnitt jährlich 2148, 2 Personen.
1864 2388 = 2,5 %.
1865 2497 = 2,9 %.

(Das Procentverhältniss der Zahl der Verstorbenen zur Einwohnerzahl im Jahre 1865 ist in Wirklichkeit jedenfalls noch günstiger, als hier angegeben, da hier die Einwohnerzahl vom Schlusse des Jahres 1864 zu Grunde gelegt ist, die im Verlaufe des Jahres 1865 jedenfalls um 1 — 2000 Seelen zugenommen hat.)

Endemisch ist in Leipzig nur das Wechselfieber, mit dem nord- und mitteleuropäischen Typus der Frühlingsepidemieen, die im Mai zur Akme ansteigen, und von hier zum Winterminimum, mit oder ohne intercurrente Herbstexacerbation abfallen. Die Häufigkeit des Wechselfiebers in und um Leipzig hat überdies nach den dreissiger Jahren wesentlich abgenommen. Eine neue Steigerung begann mit 1846, deren Maximum 1847—49 folgte. Von 1850 nahmen die Fieber ab, ihre Zahl mehrte sich erst 1853 wieder und erhob sich 1854 zu einem Maximum, das sich noch auf 1855 erstreckte. Nach einer weitern Abnahme kamen 1859 und 1860 neue Steigerungen, deren Maximum aber die beträchtliche Höhe von 1854 oder die etwas geringere von 1847 — 49 nicht erreicht hat. Seither erfolgte ein nur 1862 von einer kleinen Steigerung unterbrochenes Sinken der Zahl der Fieber. *)

Tuberculose ist in Leipzig häufig. 1865 war der Gesundheitszustand völlig befriedigend: es herrschte keine Epidemie, mit Ausnahme von Varicellen. In der Poliklinik, die etwa den dritten Theil der leipziger Armen umfasst, machten die gastrointestinalen Erkrankungen in acuter Form etwa 16 % sämmtlicher Erkrankungen aus. Anfang Juli kam dem Dr. Thomas ein Todesfall bei einer vierundfunfzigjährigen Hysterischen, Webergasse Nr. 1, vor. Sie hatte ein wenig Durchfall nicht weiter beachtet, am 7. Juli wurde dieser heftiger, die Stühle entfärbten sich, sie bekam Wadenkrämpfe und starb am 9. Juli.

6) Neusellerhausen, Dorf im Regierungsbezirk Leipzig, $3/4$ Stunden in östlicher Richtung von der Stadt Leipzig entfernt, an der Leipzig-Wurzener Strasse, mit 45 bewohnten Gebäuden und 999 Einwohnern, liegt an der Zweinaundorfer Rietschke, mitten im Gebiete der Geröll-, Sand- und Lehmbildungen. Die Rietschke selbst ist ein meist schmuziges jauchenähnliches Wasser, welches nur durch starken Regen etwas gereinigt wird.

Hier erkrankte am 25. October die 32 jährige Frau eines Packträgers an der Cholera und starb nach 18 Stunden. Ein Verkehr mit einem inficirten Orte hat angeblich nicht stattgefunden.

7) Grethen, Dorf im Regierungsbezirk Leipzig, mit 60 bewohnten Gebäuden und 335 Einwohnern, 5 Stunden in südöstlicher Richtung von der Stadt Leipzig, 8 Stunden in nordöstlicher Richtung von der Stadt Altenburg, 1 Stunde in westlicher Richtung von dem Städtchen Grimma entfernt, liegt an der Parthe nahe bei grossen Teichen, mitten im Gebiete der Geröll- und Sandbildung, unter welcher jedoch nördlich, östlich und südlich vom Dorfe in $1/4$ bis $1/2$ Stunde Entfernung mehrere Porphyrkuppen heraufsteigen: westlich von Grethen ist etwas Torf vorhanden.

Gestorben sind im Jahre 1865 in Grethen 9 Personen = 2,7 %, davon im letzten Vierteljahre 6, gegen je 2,5 im letzten Vierteljahre der vorhergehenden 4 Jahre Verstorbene.

Hier erkrankte am 4. November ein 36 Jahre alter Bahn-

---

*) Diese Angaben habe ich dem Aufsatze des Dr. Thomas, Director der Districtspoliklinik zu Leipzig, dessen Güte ich auch den grössten Theil der übrigen Notizen über Leipzig verdanke, in Wagner's Archiv der Heilkunde, Jahrgang VII, entnommen.

arbeiter, der mit seiner Familie aus Eger gekommen war und sich auf der Durchreise unter sehr ungünstigen Verhältnissen, schlecht gekleidet und schlecht genährt, in Altenburg aufgehalten hatte, an Cholera. Zugleich mit demselben erkrankte ein achtjähriger Sohn desselben, vier Tage darauf die etwa dreissigjährige Frau, und am sechsten Tage das fünfjährige Mädchen: nur der Säugling blieb verschont. Der Mann starb nach 24 Stunden, die übrigen Familienglieder genasen. 8) Teichwolframsdorf, Marktflecken von 267 bewohnten Gebäuden und 2283 Einwohner im 5. (Neustädter) Verwaltungsbezirk des Grossherzogthums Sachsen-Weimar, beinahe 2 Stunden in westlicher Richtung von Werdau entfernt, liegt lang ausgedehnt in einem in das Elsterthal mündenden muldenförmigen Seitenthale, durch welches ein kleiner, aber oft über seine Ufer austretender Bach, der Krebsbach, fliesst, im Gebiete des alten Schiefergebirges, welches jedoch auf den Höhen oft von Geröll, Sand oder Lehm bedeckt ist. Die Häuser stehen nur in der Mitte des Ortes nahe beisammen, an beiden Enden aber ziemlich weit aus einander. Die Brunnen, welche nur mit Schichtwasser gespeisst zu werden scheinen, haben eine ungefähre Tiefe von 15—20 Fuss, und sollen bei anhaltendem Regen ein trübes Wasser liefern. Bei dem Graben derselben sollen nur Lehm und Thonschieferschichten durchsunken worden sein, welche letztere ringsum häufig zu Tage treten. Der Ort muss im allgemeinen für gesund erklärt werden, da während eines Zeitraums von mehr als 20 Jahren ausser Masern und Scharlachfieber keine Epidemie daselbst geherrscht hat; Wechselfieber kommt dort und in der Umgegend nicht vor, Typhus selten. Während die Cholera in Werdau herrschte, kamen in Teichwolframsdorf vereinzelt Diarrhöen vor.

Am 5. November erkrankte die achtzehnjährige T., welche als Magd in Werdau diente, an Durchfall, und ging mit demselben behaftet bei kaltem Regenwetter dünn bekleidet zu Fusse nach Teichwolframsdorf, wo sie Abends durchnässt und erschöpft ankam. Die Ausleerungen nahmen überhand, es gesellte sich Erbrechen dazu. Beides hatte eben aufgehört, als am 6. ärztliche Hülfe gesucht ward. Der herbeigerufene Arzt fand die Kranke erschöpft und theilnahmlos auf elendem Lager liegend, mit bläulichgrauer Gesichtsfarbe, eingesunkenen stieren Augen, kalten Wangen und Nase, mit kalten blaugrauen Händen und Füssen, unelastischen Hautbedeckungen, eingezogenem gegen Druck empfindlichen Unterleib, trocken belegter Zunge, grossem Durst, erschwertem Athem, frequentem fadenförmigen Pulse, heiserer Stimme und undeutlicher Sprache, völlig unterdrückter Urinabsonderung.

In diesem Zustande starb die Kranke am 7. November in den Vormittagsstunden. Denselben Tag abends starb die Mutter derselben, angeblich ohne die an der Tochter bemerkten Krankheitserscheinungen, an Apoplexie (?)

9) Langenbernsdorf, Dorf von 245 bewohnten Gebäuden und 1689 Einwohnern, die sich vorwaltend von Ackerbau nähren, liegt im Regierungsbezirk Zwickau (Königreich Sachsen) an der von Ronneburg nach Werdau führenden Landstrasse, etwa $^{3}/_{4}$ Stunde in nordwestlicher Richtung von letztgedachter Stadt in einer langen, von West nach Ost sich verengenden Thalschlucht zu beiden Seiten des kleinen sich in die Pleisse ergiessenden Bernsbaches.

In der Thaltiefe am Bache hin findet sich die dritte Etage des Rothliegenden, aus losem schüttigem Conglomerat bestehend; in der Mitte des Dorfes tritt darunter etwas Dolomit auf; auf den Höhen überall Geröll, Sand, Lehm. Fast jedes Haus und jedes Gut hat seinen Brunnen; die Tiefe der Brunnen schwankt von 14—60 Fuss; die durchsunkenen Schichten bestehen aus Land, Sand, und Rothliegendem; dann kommt Leberfelsen. Das Wasser in den Brunnen und im Bach ist gut, und war es auch in den Sommermonaten des fraglichen Jahres geblieben. Wechselfieber kommen dort nicht vor. Während der Sommermonate herrschten in Langenbernsdorf Katarrhalfieber, Darmkatarrhe, Entzündung der Schlundwerkzeuge und Brustorgane, Keuchhusten, vor allen Dingen aber Cholerinen. Gestorben sind in Langenbernsdorf im Jahre 1865 53 Personen = 2,1 %; davon im letzten Vierteljahre 14 gegen je 10,0 im letzten Vierteljahr der vorhergehenden 4 Jahre durchschnittlich Verstorbene.

Sonnabend den 21. October erkrankte der in Werdau in der Fabrik von Göldner beschäftigte 34 Jahre alte Arbeiter W. an heftigem Durchfall, geht, wie er dies Sonnabends zu thun pflegt, nach seiner Wohnung in Langenbernsdorf und consultirt am Morgen des 22. den Med. Pract. Münch. Obwohl Reiswasserausleerungen, Muskelkrämpfe, Stimmlosigkeit und Kälte vorhanden waren, genas der Kranke doch nach 14 Tagen, nachdem er ein leichtes Choleratyphoid durchgemacht hatte. Weder die in demselben Zimmer seit Jahren bettlägerige Frau des Kranken, noch die zur Pflege herbeigekommene Mutter, noch die zwei in der andern Stube desselben Hauses wohnenden Frauenzimmer erkrankten. Am 28. October ging die dreiundsechzigjährige in Langenbernsdorf wohnhafte W., die einen Handel mit Victualien trieb, auf dem Nachhausewege in ein Haus auf der Ronneburger Strasse in Werdau, und blieb hier am Bette einer im Sterben liegenden Cholerakranken bis zum Ende. Am 29. October ging sie wie gewöhnlich nach Werdau, am 30. auf ein benachbartes Dorf zum Kirchweihfeste, am 31. bekam sie Brechdurchfall, und starb trotz ärztlicher Hülfe und guter Wartung und Pflege nach $7\frac{1}{2}$tägigem Krankenlager.

Am 28. November erkrankte die 65 Jahre alte Leichenfrau B., nachdem sie den am Tage zuvor an Cholera verstorbenen Handarbeiter H. in dem benachbarten Stöcken abgewaschen, an Cholera und starb nach 24 Stunden.

10) Liebertwolkwitz, mit 219 bewohnten Gebäuden und 1742 Einwohnern, Marktflecken im Regierungsbezirke Leipzig, 2 Stunden südöstlich von der Stadt Leipzig entfernt, an der Strasse nach Colditz, liegt auf dem niedrigen Plateau zwischen der Pleisse und Parthe, im Gebiete der Braunkohlenformation, welche jedoch auch dort grösstentheils von der quartären Geröll- und Sandbildung überschwemmt ist. Nur bei und zum Theile in Liebertwolkwitz sowie am dortigen Kolmberge und bei Grosspösna treten die Sande und zum Theil Sandsteine und Thone der Braunkohlenformation zu Tage aus.

Hier erkrankte am 13. November die achtundvierzigjährige Frau des Windmüllers an Symptomen der Cholera und starb nach 2 Tagen: Verkehr mit inficirten Orten war nicht nachzuweisen.

11) Crimmitschau, Stadt im Regierungsbezirk Zwickau, mit 809 bewohnten Gebäuden und 12248 Einwohnern, die sich hauptsächlich durch Streichgarnspinnerei, Weberei und Tuchfabrikation ernähren, liegt an der Sächsisch-Bairischen Bahn, zwei Stunden nördlich von Werdau, $2\frac{1}{2}$ Stunden westlich von Glauchau, 3 Stunden nordwestlich von Zwickau; 5 Stunden südlich von Altenburg, mit allen genannten Orten durch die Bahn verbunden, in einem freundlichen Thale grösstentheils am linken Ufer der Pleisse, auf der östlichen und westlichen Seite von mässigen Bergen umgeben, in der vierten obersten Etage des Rothliegenden, welche wesentlich aus Sandstein, Schieferletten und weichen, geröllarmen Conglomeraten besteht. Diese vierte Etage tritt jedoch bei Crimmitschau wenig zu Tage aus, da die quartären Geröll, Sand- und Lehmablagerungen fast Alles überschwemmt haben, und auf den Höhen durchaus dominiren. Ganz nahe bei Crimmitschau östlich

und westlich davon kommt auch Zechstein vor: namentlich auf
der westlichen Seite tritt ein mächtiger Stock ziemlich nahe an
die Stadt heran, von dem aber alle Wasser nicht gegen Crimmitschau,
sondern auf der entgegengesetzten Abdachung gegen Altenburg
hin sich bewegen.

Die Tiefe der Trinkbrunnen in Crimmitschau ist verschieden:
im Jahre 1865 machte sich der allgemeine Wassermangel dort
gleichfalls so bemerklich, dass viele Brunnen tiefer gelegt werden
mussten, manche mussten geradezu ausser Gang gesetzt werden.
In einem jeden der drei hier allein in Frage kommenden Häuser,
Nr. 598|, 599 und 600 der untern Mühlgasse befindet sich ein
Brunnen, der in Nr. 598 liegt ganz im Rothliegenden, hatte früher
sehr viel Wasser, sodass es immer überlief. Seit Anlegung zweier
Fabriken, welche viel Wasser brauchen und daher tiefe Brunnen
angelegt haben auf einer westlich von dem Hause gelegenen
kleinen Anhöhe, sank der Wasserspiegel bis 4 Ellen unter die
Bodenfläche; als die Brunnen wegen Wassermangels tiefer gelegt
wurden, ward das Wasser stinkend und unbrauchbar. Der Brunnen
in Nr. 599 ist wenig tief, in Sand eingebaut, Quellwasser. Er
hatte früher immer viel Wasser, seit letztem Frühjahr aber sank
der Wasserspiegel bis 2 Ellen unter die Oberfläche. Der Brunnen
in Nr. 600 ist tief, liegt im Rothliegenden, hatte stets genügendes
gutes Trinkwasser, das auch von den Bewohnern der Nachbarhäuser
mit gebraucht wurde.

Der Gesundheitszustand war im Jahre 1865 in Crimmitschau
kein günstiger, namentlich herrschte der Scharlach, der schon seit
einem Jahre mehr oder weniger ausgebreitet vorkam, epidemisch
mit Neigung zu Hydrops, Otiten u. dgl. Typhus war gerade nicht
epidemisch verbreitet, ging aber nie ganz aus. Im Hochsommer
kamen Durchfälle in grosser Anzahl vor und starben auch viel
Kinder daran. Während des Herrschens der Cholera in Werdau
zeigten sich Darmkrankheiten in Crimmitschau nur wenig, Cholerinen ganz vereinzelt. Wechselfieber, die überhaupt nicht in
Crimmitschau beobachtet werden, waren auch 1865 nicht da. Die
Sterblichkeit war im letzten Quartal des Jahres gegen andere
Jahre erhöht. Denn während in dem letzten Vierteljahr der
vorhergehenden 4 Jahre durchschnittlich je 77,25 Personen verstorben waren, betrug die Zahl der Verstorbenen in der Zeit vom
1 October bis ultimo December 1865 = 115 (excl. der 5

Todtgeborenen). Die Zahl der Verstorbenen im ganzen Jahre (exc., der 26 Todtgeborenen) betrug 536 = 4,4 % der Bevölkerung. Am 22. October traf die Witwe G. aus Werdau, deren Sohnl der Tischlermeister G., tags zuvor an der Cholera verstorben war, mit dessen dreijähriger Tochter in Crimmitzschau ein und nahm in Nr. 600 der untern Mühlgasse bei ihrer verheiratheten Tochter ihr Quartier. In der Nacht vom 22. zum 23. erkrankten beide an Brechdurchfall und wurden deshalb am 23. ohne Vorwissen der Behörde mittels Wagens nach Werdau zurückgeschafft. Unterwegs verstarb das Kind, während die verwitwete G. unmittelbar nach ihrer Rückkehr nach Werdau in das Krankenhaus geschafft wurde und daselbst noch an demselben Tage verstarb. Der in Nr. 600 wohnhafte Stuhlarbeiter J., welcher den beiden Kranken in den Wagen geholfen hatte, erkrankte wenige Tage danach an Brechdurchfall, genas jedoch sehr bald unter ärztlicher Hülfe. Am 14. erkrankten dessen siebenjährige Tochter, und im Nachbarhause Nr. 599 zwei Kinder des Fabrikarbeiters W. von 5 und 8 Jahren an Brechdurchfall mit farblosen Ausleerungen. Am 15. stellten sich die Erscheinungen der Cholera in höherem Grade bei der vierzigjährigen Frau des Stuhlarbeiter J. in Nr. 600, und am 16. bei der dreissigjährigen Frau des Fabrikarbeiter W. in Nr. 599 ein, die Kinder genasen sehr bald, später nach Ueberstehung eines Choleratyphoides auch Frau J., während Frau W. am 17. abends im Stadium algidum verschied.

Das von W. bewohnte Haus ist klein, mit Menschen überfüllt: die Dungstätte ist hinter dem Hause, zwischen diesem und einem sanft sich erhebenden Terrain, über welches hinweg man zu den Hinterhäusern einer höher gelegenen Nachbarstrasse gelangt. Einen Abtritt mit Schlot gab es in beiden Häusern nicht, sondern je eine unbedeckte Dungstätte mit einem Brethäuschen an der Seite.

12) Stöcken, Dorf im Regierungsbezirk Zwickau von 186 bewohnten Gebäuden und 755 Einwohnern, die sich von der Weberei ernähren, in südwestlicher Richtung an Langenbernsdorf anstossend, liegt auf einer mässigen Anhöhe, mit Wald ziemlich umgeben, auf der dritten Etage des Rothliegenden, welche dort wesentlich von Quarz- und Thonschieferconglomerat gebildet wird, aber nur in der Tiefe der Schluchten zu Tage austritt, ausserdem von Geröll- und Sandmassen bedeckt ist. Der Ort scheint eine gesunde Lage zu haben, wenigstens versichert M. Pract. Münch in Langenbernsdorf, seit fast 40 Jahren keine Epidemie dort ge-

sehen zu haben. Die Häuser, meist von kleinen Gärten und Aeckern umgeben, liegen alle zerstreut; die Brunnen meist tief, liefern ein gutes Wasser, und die Einwohner, obschon infolge ihrer Beschäftigung und schlechten Nahrung in grosser Armuth, sind die Nachkommen eines früher dort lebenden kräftigen und nüchternen Menschenschlages.

Die Sterblichkeit im letzten Vierteljahre des Jahres 1865 war gegen die Vorjahre verringert, indem in dem gedachten Zeitraume der vorhergehenden 4 Jahre durchschnittlich je 6,25 Personen gestorben sind, 1865 aber nur 4. Im Laufe des Jahres 1865 starben im Ganzen 23 (excl. 3 Todtgeborene) = 3,0 % der Bevölkerung. Am 26. November wurde der vierundsechzigjährige bis dahin völlig gesunde Waldarbeiter H. unmittelbar nach eingenommenem Mittagessen, bestehend aus Rindfleisch mit Kohlrüben, unwohl; gegen Abend erbrach er sich mehrmals und klagte über Schmerz in den Unterextremitäten, die Stimme ward ganz leise, und nach Verlauf von 12 Stunden vom Beginn der Krankheit an gerechnet verschied er, ohne ärztliche Hülfe nachgesucht zu haben. Bei der Entfernung des Leichnams bemerkte die Umgebung, dass dessen Beinkleider, die der Kranke nicht abgelegt hatte, ganz durchnässt waren und eine farblose Flüssigkeit sogar die Lagerstätte durchdrungen hatte. Das Rindfleisch, von welchem H. am Sonnabend und Sonntag mit seiner Familie gegessen hatte, war ihm am Freitag von seinem Sohne aus Werdau gebracht worden, woselbst dessen Frau in der im Pfleghause eingerichteten Speiseanstalt in Arbeit war. Von den übrigen Familiengliedern und Hausbewohnern erkrankte niemand, wohl aber die Leichenfrau B. aus Langenbernsdorf, die die Leiche gereinigt hatte. Letztere starb an Cholera, wie weiter oben S. 75 mitgetheilt worden.

13. Crossen, Dorf im Regierungsbezirk Zwickau, von 88 bewohnten Gebäuden und 696 Einwohnern, 1 Stunde in nördlicher Richtung von Zwickau, am rechten Ufer der Mulde, liegt zwar im Gebiete der dritten Etage des Rothliegenden, allein in der weiten und fast horizontalen Thalaue des Muldenthales, also auf neuern Alluvialschichten, sodass die nächst anstehenden Schichten des Rothliegenden beiderseits ½ Stunde weit entfernt sind. Gestorben sind in Crossen (und Schneppendorf mit 129 Einwohnern) im Jahre 1865, excl. 1 Todtgeborenes 38 = 4,6 %, im letzten Vierteljahre 20 gegen circa 10 in jedem letzten Vierteljahre der vorhergehenden 4 Jahre.

Hier erkrankte am 26. November im Gemeindehause ein vier-
jähriges Mädchen an Cholera und starb am 28. An diesem Tage
erkrankte ein in derselben Stube wohnender vierjähriger Junge und
starb am 2. Am 1. erkrankte die 1½ Jahre alte Schwester dieses
Knaben und starb am 4. December. Am 5. erkrankte die gleichfalls im Gemeindehause wohnende dreiundsiebzigjährige Wittwe M.
und starb am 6., am 11. erkrankte die neunjährige Schwester von
2 und 3 und starb am 13. Die Mutter der unter 2, 3 und 5 erwähnten Kinder erkrankte am 12., genas aber.

14) Wünschendorf, Dorf von 44 bewohnten Gebäuden und
338 Einwohnern, im fünften (Neustädter) Verwaltungsbezirke des
Grossherzogthums Weimar, liegt etwa 4 Stunden in nordwestlicher
Richtung von Werdau, an der von Werdau nach Weida führenden
Strasse an der Elster, und zwar im Gebiete der Grauwacken-
formation, zum Theil unmittelbar auf Gesteinen derselben, zum
Theil aber auch in der Thalsohle, also auf neuern Alluvial-
schichten.

Hier erkrankte am 2. December, angeblich nach einem Diätfehler der 53 Jahre alte Besitzer der Untermühle, W., und starb
am 4. desselben Monats: am 6. erkrankte in derselben Mühle
der 46 Jahre alte Mühlknappe, und starb am 6. Ein Verkehr mit
Werdau oder einem andern inficirten Orte hatte angeblich nicht
stattgefunden.

15) Hohenstein, Stadt von 443 bewohnten Gebäuden und
5526 Einwohnern, deren Hauptbeschäftigung die Weberei ist, im
Regierungsbezirke Zwickau, 2½ Meilen ONO. von der Stadt
Zwickau, 2 Meilen OSO. von Glauchau, liegt hoch und rauh,
an einem Bergabhange, in 1183,2 Fuss mittler Seehöhe, auf der Grenze
des primitiven Glimmerschiefers und der zweiten Etage des Rothliegenden. Die Grenze läuft in ostwestlicher Richtung unterhalb
des Marktes mitten durch die Stadt, deren oberer Theil sonach
auf Glimmerschiefer steht, während sich der untere Theil auf Rothliegendem befindet.

Im Sommer des Jahres 1865 kamen in Hohenstein vereinzelte Cholerinen mit günstigem Ausgange vor, Wechselfieber,
die überhaupt daselbst nicht beobachtet werden, gar nicht. Die
Zahl der Verstorbenen im Jahre 1865 betrug (mit Ausschluss
der 9 Todtgeborenen) 205 = 3,7 % der Bevölkerung; im letzten
Vierteljahr starben 44, gegen je 43,75 in dem letzten Vierteljahr
der vorhergehenden 4 Jahre; es war somit die Sterblichkeit in

dem gedachten Zeitraume gegen die der Vorjahre nicht vermehrt.

Am 4. December traf der Hausbesitzer und Webermeister S., wohnhaft in Nr. 21 der Kirchgasse in Glauchau, einer Gasse, in welcher weder damals noch später Erkrankungen an Cholera vorgekommen waren, in Hohenstein ein. Nach Aussage der Angehörigen war er bei völligem Wohlbefinden von Glauchau abgereist, bot aber abends 8 Uhr schon das ausgeprägte Bild der Cholera dar und verschied den 5. December früh 5 Uhr.

16) Greiz, im Fürstenthum Reuss ältere Linie, Stadt von 850 bewohnten Gebäuden und 10135 Einwohnern, die sich hauptsächlich von Weberei, Spinnerei und Färberei nähren, liegt 1½ Stunden nordöstlich von Elsterberg, an der Elster, im Gebiete des alten primitiven Schiefergebirges, welches sich im Elsterthale auf- und abwärts verbreitet, und in letzter Richtung Einlagerungen von Quarzit und Porphyr zeigt. Der Untergrund von Greiz ist im Süden Lehmboden mit grossen Elsterkieslagen, im Osten, Norden und Westen sumpfiger Guhr, dazwischen und ringsum Felsenlager. Der südliche, westliche und östliche Theil der Stadt war im Frühjahr 1865 stark überschwemmt.

Das Trinkwasser ist im Allgemeinen gut, die Tiefe der Brunnenschachte schwankt zwischen 2 und 10 Ellen: die bei dem Graben der Brunnen durchsunkenen Schichten sind theils Felsen, Sand und Lehm, theils Guhr und Lehm.

Am 5. December erkrankte ein sechsunddreissigjähriger in Elsterberg wohnhafter Dienstmann, der seine an der Cholera erkrankten Angehörigen wiederholt und zwar zuletzt am 3. December besucht hatte, nach einem groben Diätfehler an Cholera, ward am 6. in das Krankenhaus gebracht und starb da am 7. December früh. Das Häuschen, in welchem er in Greiz bei seiner Erkrankung wohnte, ist einstöckig, liegt am Beginn der Reichenbacher Chaussee hoch an einem Bergabhang auf Felsen, gleich hoch mit dem Firste seiner Nachbarhäuser, doch wieder von zwei höher gelegenen überragt: das Krankenhaus liegt in der Tiefe auf Kiesboden, der Ueberschwemmung ausgesetzt, in Sommerabenden von Dunstschichten umgeben.

Mitte October herrschten in Greiz Durchfälle mit Ruhrcharakter (ebenso in dem benachbarten Theile des sächsischen Voigtlandes), gegen Mitte November traten Cholerinen auf und dauerten bis gegen Mitte December; die Zahl der um jene Zeit behandelten Diarrhöen und Cholerinen mag nach einer Mittheilung des Medicinalraths Dr. Hochberger etwa 200 betragen haben, trotzdem erfolgte niemals Uebergang in Cholera. Die Zahl der überhaupt im Jahre 1865 in Greiz Verstorbenen betrug 287 = 2,8 % der Bevölkerung.

17) **Wernsdorf**, im Regierungsbezirk Zwickau, Dorf von 95 bewohnten Gebäuden und 923 Einwohnern, liegt etwa eine halbe Stunde in südlicher Richtung von Glauchau im Gebiete der zweiten und dritten Etage des Rothliegenden.

Gestorben sind in Wernsdorf im Jahre 1865 25 Personen, = 2,7 % der Bevölkerung, im letzten Vierteljahr 7 gegen 5,50 in demselben Zeitraume der vorhergehenden 4 Jahre durchschnittlich Verstorbene.

Hier erkrankte am Abend des 27. December die 31 Jahre alte Ehefrau des Strumpfwirkers und Maurergesellen K. und starb am 28. vormittags gegen 10 Uhr. Das Haus, in dessen erstem Stockwerk die Frau wohnte, steht an einem am Anfange eines muldenförmigen Erdausschnittes gelegenen Abhange, in welchem unter einer starken Lehmschicht Rothliegendes zu Tage tritt. Links neben dem Hause läuft ganz dicht der Dorfbach vorbei, rechts ebenso nahe ein Graben, der in einer Entfernung von etwa 12 Ellen vor dem Hause in den Bach mündet. Die Vorderseite des Hauses sieht nach Norden, der Hof zwischen Haus- und Bergabhang ist klein: directen Verkehr mit dem benachbarten Glauchau soll die Frau nicht gehabt haben.

18) **Stollberg**, Regierungsbezirk Zwickau, Stadt von 443 bewohnten Gebäuden und 5526 Einwohnern, die sich von Weberei, Strumpfwirkerei, Tuchmacherei und Wattfabrikation nähren, liegt 3 M. östlich von Zwickau, ebensoweit südöstlich von Glauchau, 1½ M. südöstlich von Hohenstein, an den Chemnitz-Schneeberger und Glauchau-Annaberger Strassen, fast gänzlich am linken Ufer des stollberger Dorf- oder Gemeindebaches in dessen tiefem, doch offenem freundlichen Thale, circa 1240' hoch, im Gebiete der Urthonschieferformation, welche sich bis über Niederwürschnitz fortsetzt.

Der Gesundheitszustand im Jahre 1865 war im allgemeinen gut, einzelne Fälle von Varioloiden abgerechnet. Gestorben sind (excl. der 10 Todtgeborenen) 200 Personen = 3,6 % der Bevölkerung, davon im letzten Vierteljahre (excl. der 4 Todtgeborenen) 42 gegen je 49,75 in dem letzten Vierteljahre der vorhergehenden 4 Jahre.

Am 24. December begab sich der 23 Jahre alte Handarbeiter S., welcher zuletzt in einer Färberei in Glauchau beschäftigt gewesen und daselbst in einem Hause gewohnt hatte, in welchem mehrere schwere Erkrankungen an Cholera vorgekommen, zu Fuss nach Stollberg, wo er des Nachts angekommen ist, und alsbald über Durchfall geklagt hat. Trotzdem hat derselbe der Mettenfeier in der Kirche beigewohnt, und ist bald darnach heftiger erkrankt: es gesellten sich heftiges Erbrechen und Durchfälle von reiswasserähnlicher Beschaffenheit, gleichzeitig auch Wadenkrämpfe hinzu. Der alsbald gerufene Arzt fand den Kranken kalt und pulslos und ordnete die sofortige Unterbringung desselben im Krankenhause an. Am 26. December trat eine auffallende Besserung ein, die bis zum 28. früh anhielt: an diesem Tage wurde der Kranke bewusstlos, der Athem wurde schnarchend, der Puls beschleunigt, die Urinsecretion sistirt: am 29. December früh 2 Uhr erfolgte der Tod. Das Haus, in welchem S. in Stollberg zuerst erkrankte, ist ein kleines, schlecht gebautes, niedriges Häuschen an einem Abhange, an dessen Fusse der schmuzige Bach fliesst. Der Abtritt war offen, die Grube von schlechter Beschaffenheit.

Dritter Abschnitt.

Statistische Zusammenstellung des in den beiden ersten Abschnitten enthaltenen Materials.

Die Anzahl sämmtlicher Orte im Königreich Sachsen, Grossherzogthum Sachsen-Weimar, Herzogthum Sachsen-Altenburg und Fürstenthum Reuss ältere Linie, in welchen im Jahre 1865 Cholerafälle mit tödlichem Ausgange vorgekommen sind, beträgt: 25.

Unter diesen hatten Ortsepidemien: 7
„   „   „ Hausepidemien: 2
Vereinzelte Fälle   16
                             ——
                             25.

Sämmtliche Orte hatten am Schlusse des Jahres 1864 eine Einwohnerzahl von 205472 Seelen.

Davon kommen auf die Orte mit Ortsepidemien   75719
„   „   „   „   „   „ Hausepidemien   1034
„   „   „   „   „   „ vereinzelten Fällen 128719
                                                 ————
                                                 205472.

Im ganzen befallenen Terrain sind im Jahre 1865 gestorben
überhaupt   an der Cholera

$7276 = 3{,}5 \%$ $468 = 6{,}4 \%$ der in allen von der Cholera befallenen Orten Verstorbenen $= 0{,}2 \%$ der Bevölkerung der gedachten Orte.

Von den 7276 Verstorbenen fallen auf die Orte mit Ortsepidemien

$$3204 = 44{,}0 \% \text{ der Verstorbenen}$$

auf die Orte mit Hausepidemien $44 = 0{,}6 \%$ „   „

„ „ „ „ vereinzelten Fällen $4028 = 55{,}4 \%$ „   „

$$\overline{7276.}$$

Von den 468 an der Cholera Verstorbenen kommen

	von 100 sämmtlicher an der Cholera Verstorbenen	von 100 in den betreffenden Orten überhaupt Verstorbenen	von 100 Einwohnern der betreffenden Orte
auf die Orte mit Ortsepidemien · 444	94,9	13,8	0,6
„ „ „ „ Hausepidemien 7	1,5	15,9	0,7
„ „ „ „ vereinzelten Fällen 17	3,6	0,4	0,01

Sa. 468

Nach der absoluten Zahl der Verstorbenen ordnen sich die Orte mit Ortsepidemien wie folgt:

Name des Orts	Einwohnerzahl am Schlusse d. Jahres 1864	Zahl der an Cholera Verstorbenen
Werdau.	10548	261
Altenburg.	17966	92
Glauchau	19296	32
Elsterberg	3557	28
Zwickau.	22432	14
Rasephas	246	12
Marienthal	1674	5

Zusammen: 75719   444

Der von Ackermann (Die Choleraepidemie des Jahres 1859 im Grossherzogthum Mecklenburg-Schwerin S. 227) unter 1 aufgestellte Satz: „die Zahl der Verstorbenen in den epidemisch inficirten Ortschaften ist im Allgemeinen um so grösser, je grösser der Ort ist", hat sich somit für die sächsische Epidemie nicht bewährt.

6*

Nach der Procentzahl der Verstorbenen ordnen sich die Orte mit Ortsepidemien folgendermassen:

Name des Orts	Von 100 Einwohnern gestorben	Einwohnerzahl am Schlusse des Jahres 1864
Rasephas	4,9	246
Werdau	2,5	10548
Elsterberg	0,8	3557
Altenburg	0,5	17966
Marienthal	0,3	1674
Glauchau	0,2	19296
Zwickau	0,06	22432
Zusammen:	0,6	75719

Der zweite Satz von Ackermann, l. c.: „die Zahl der Verstorbenen wird relativ um so geringer, je grösser die Einwohnerzahl wird", hat somit in der Hauptsache hier Gültigkeit gehabt.

Die Dauer der einzelnen Epidemien geht aus folgender Tabelle hervor:

Name des Orts	Anfang der Todesfälle	Ende	Dauer der Epidemie nach Tagen	Zahl der Einwohner am Schlusse des Jahres 1864	Absolute tägliche Durchschnittsmortalität	Procentale tägliche Durchschnittsmortalität
Altenburg	29. Aug.	15. Dec.	109	17966	0,8	0,005
Werdau	30. Sept.	11. „	73	10548	3,6	0,03
Rasephas	14. „	14. Oct.	31	246	0,4	0,1
Zwickau	15. Nov.	12. Dec.	28	22432	0,5	0,002
Glauchau	28. „	25. „	28	19296	1,1	0,005
Elsterberg	26. „	14. „	19	3557	1,5	0,04
Marienthal	20. „	4. „	15	1674	0,3	0,02
	29. Aug.	25. Dec.	129	75719	3,4	0,004

Der dritte Satz von Ackermann, l. c.: dass eine Ortsepidemie um so länger dauert, je früher sie im Jahre beginnt, und je grösser der Ort sei", hat, wenn man die Orte Altenburg, Werdau und Elsterberg vergleicht, Gültigkeit behalten: der weitere aber, dass in grössern Orten täglich absolut mehr Personen sterben als in kleinern, sich nicht bewährt, wohl aber der Schlusssatz, dass von 100 Einwohnern in kleinern Orten täglich mehr sterben als in grossen.

Die Zeit des Ausbruchs der Cholera in den einzelnen Orten ist aus dem nachstehenden Verzeichnisse zu ersehen; die Namen der Orte mit Ortsepidemien sind gesperrt gedruckt, hinter denen der Orte mit Hausepidemien befindet sich ein †.

Verzeichniss sämmtlicher Ortschaften,

in welchen Choleratodesfälle vorgekommen sind, geordnet nach der Zeit des Beginnens derselben:

Anfang der Todesfälle	Name der Ortschaft	Zahl der Verstorbenen
29. August	Altenburg	92
11. September	Knau	1
14. „	Rasephas	12
22. „	Nobis	1
30. „	Werdau	261
7. October	Windischleuba	1
20. „	Borgishain	1
21. „	Leipzig	1
26. „	Neusellerhausen	1
4. November	Grethen	1
7. „	Teichwolframsdorf	1
8. „	Langenbernsdorf	2
15. „	Liebertwolkwitz	1
15. „	Zwickau	14
17. „	Crimmitzschau	1
20. „	Marienthal	5
26. „	Elsterberg	28
27. „	Stöcken	1
28. „	Glauchau	32
28. „	Crossen †	5
4. December	Wünschendorf †	2
5. „	Hohenstein	1
7. „	Greiz	1
28. „	Wernsdorf	1
29. „	Stollberg	1

Die Zahl der Orte, in welchen die Cholera zum Ausbruche
kam, ist somit am grössten:

im November	(11) dann
im December	(5) dann
im September und October je	(4) dann
im August	1

25.

Die Zahl der Orte, in welchen die Krankheit nach ihrem
Ausbruche eine epidemische Verbreitung annahm, ist absolut am
grössten im November (4), dann im September (2), dann im August
und December (je 1); relativ dagegen, d. h. im Verhältniss zu
sämmtlichen in demselben Monat befallenen Orten, ist sie am grössten
im August (100. %), dann im September (50 %), dann im
November (36 %).

Die Zahl der Orte, in welchen die Krankheit sich auf vereinzelte Fälle und auf 1 bis 2 Häuser beschränkte, ist absolut
am grössten im November (7), dann im December (5), dann im
·October (4), dann im September (2); relativ dagegen am grössten
im October und December (100 %), dann im November (63,6 %),
dann im September.

Hieraus ergibt sich in Uebereinstimmung mit Ackermann: l. c.,
140, dass die Krankheit um so häufiger eine epidemische
Verbreitung annahm, je früher sie in einem Orte zum Ausbruche
kam, dass sie umgekehrt um so häufiger auf einzelne Fälle oder
auf einige wenige Häuser beschränkt blieb, je später sie sich an
einem Orte zeigte.

Die Zahl der Todesfälle in den einzelnen Monaten betrug:

im August	1
„ September	40
„ October	175
„ November	168
„ December	84
	468

Auf die einzelnen Wochen vertheilen sich die Todesfälle wie folgt:

1.	Woche:	29.	August	bis mit		4.	September	=	2
2.	„	5.	September	„	„	11.	„	=	4
3.	„	12.	„	„	„	18.	„	=	9
4.	„	19.	„	„	„	25.	„	=	10
5.	„	26.	„	„	„	2.	October	=	16
6.	„	3.	October	„	„	9.	„	=	21
7.	„	10.	„	„	„	16.	„	=	30
8.	„	17.	„	„	„	23.	„	=	54
9.	„	24.	„	„	„	30.	„	=	66
10.	„	31.	„	„	„	6.	November	=	47
11.	„	7.	November	„	„	13.	„	=	30
12.	„	14.	„	„	„	20.	„	=	35
13.	„	21.	„	„	„	27.	„	=	35
14.	„	28.	„	„	„	4.	December	=	57
15.	„	5.	December	„	„	11.	„	=	36
16.	„	12.	„	„	„	18.	„	=	11
17.	„	19.	„	„	„	25.	„	=	3
18.	„	26.	„	„	„	29.	„	=	2

468

Die höchste Zahl von Todesfällen, die in dem ganzen befallenen Terrain an einem Tage vorkam, war 15 am 28. October: es war somit die Rapidität des Steigens vom Nullpunkt (28. August) bis zum Maximum gleich der des Sinkens vom Maximum bis zum Nullpunkt (30. December) = 0,24.

Die Zahl der bewohnten Gebäude in sämmtlichen Orten, in welchen Cholerafälle mit tödlichem Ausgange vorgekommen sind, beträgt: 11583.

Davon kommen auf

7	Orte	mit	Ortsepidemien:	5180,	davon befallen:	256	= 4,9 %
2	„	„	Hausepidemien:	132	„	„	2 = 1,5 %
16	„	„	vereinzeltenFällen:	6271	„	„	16 = 0,2 %

Sa: 11583   274 = 2,4 %

Auf die einzelnen Häuser vertheilen sich die Todesfälle wie folgt:

Name des Ortes	Zahl der Häuser mit									Summa
	1 Todesfall	2 Todesfällen	3 Todesfällen	4 Todesfällen	5 Todesfällen	6 Todesfällen	7 Todesfällen	8 Todesfällen	16 Todesfällen	
Altenburg....	28	8	4	1	3	—	—	—	1	45
Rasephas....	3	2	—	—	1	—	—	—	—	6
Werdau.....	96	25	18	4	3	—	3	1	—	150
Zwickau.....	7	2	1	—	—	—	—	—	—	10
Marienthal...	5	—	—	—	—	—	—	—	—	5
Glauchau....	22	5	—	—	—	—	—	—	—	27
Elsterberg...	5	6	—	—	1	1	—	—	—	13
Crossen......	—	—	—	—	1	—	—	—	—	1
Wünschendorf	—	1	—	—	—	—	—	—	—	1
16 Orte mit vereinzelten Fällen......	16	—	—	—	—	—	—	—	—	16
	182	49	23	5	9	1	3	1	1	274
	66,4 %	17,9 %	8,4 %	1,8 %	3,3 %	0,4 %	1,1 %	0,4 %	0,4 %	

In diesen 274 Häusern kamen 468 Todesfälle vor, somit in einem durchschnittlich 1,7 %.

In 92 Häusern = 33,6 %, in welchen mehrere Todesfälle vorkamen, betrug die zwischen dem ersten und letzten Todesfalle unter den Bewohnern eines Hauses innenliegende Zeit

0,5 Tag in 2 Fällen	Transport 120,5 Tage in 73 Fällen
1,0 „ „ 10 „	16 „ „ 2 „
2 „ „ 9 „	17 „ „ 1 „
3 „ „ 9 „	18 „ „ 1 „
4 „ „ 8 „	19 „ „ 1 „
5 „ „ 2 „	21 „ „ 3 „
6 „ „ 2 „	22 „ „ 1 „
7 „ „ 6 „	24 „ „ 1 „
8 „ „ 1 „	26 „ „ 1 „
9 „ „ 2 „	28 „ „ 1 „
10 „ „ 4 „	31 „ „ 2 „
11 „ „ 7 „	34 „ „ 1 „
12 „ „ 3 „	36 „ „ 1 „
13 „ „ 2 „	37 „ „ 1 „
14 „ „ 2 „	39 „ „ 1 „
15 „ „ 4 „	49 „ „ 1 „
Latus 120,5 Tage in 73 Fällen	Sa. 537,5 Tage in 92 Fällen

somit in 69 Fällen $= 75{,}0\%$ bis mit 14 Tagen, in 23 Fällen $= 25{,}0\%$ über 14 Tage, im Durchschnitt $6{,}2$ Tage.

In 15 Orten ist nachgewiesen, dass zwischen den zuerst an der Cholera erkrankten Personen und inficirten Orten ein Verkehr stattgefunden hat, nämlich in

Altenburg	mit Odessa
Rasephas Nobis Werdau Windischleuba Borgishain Grethen	mit Altenburg
Teichwolframsdorf Langenbernsdorf Stöcken Crimmitzschau Glauchau	mit Werdau
Hohenstein Stollberg	mit Glauchau
Greiz	mit Elsterberg

Bei den übrigen 10 Orten ist der Verkehr zwar nicht nachgewiesen, aber nach Lage der Erwerbs- und Verkehrsverhältnisse im höchsten Grade wahrscheinlich.

Die Temperatur übte insofern einen Einfluss auf die Epidemie aus, als dem Herabgehen derselben unter 0 (am 10. December) ein auffallender Nachlass in der Häufigkeit der Todesfälle und am 30. das Erlöschen der Epidemie folgte, wie aus der beigefügten graphischen Uebersicht, Tabelle 11, zu ersehen. *)

Ueber das Steigen und Sinken der Epidemie in den einzelnen Orten des ganzen befallenen Terrains gibt Tabelle 12 Auskunft.

---

*) Vgl. Atlas, Tab. 11.

Tabelle 12.

Uebersicht über das Steigen und Sinken der Epid‹
befallenen Terrain nach der Zahl der täglich

Monat und Datum.	Altenburg.	Knau.	Rasephas.	Nobis.	Werdan.	Windischleuba.	Borgishain.	Leipzig.	Neusellerhausen.	Grethen.	Teichwolframsdorf.	Langenbernsdorf.	Zwickau.	Liebertwolkwitz.	Crimmitzschau.	Marienthal.	Elsterberg.	Stöcken.
Aug. 29.	1	—	—	—	—	—	—	—	—	—	—	—	—	—	—	—	—	—
» 30.	—	—	—	—	—	—	—	—	—	—	—	—	—	—	—	—	—	—
» 31.	1	—	—	—	—	—	—	—	—	—	—	—	—	—	—	—	—	—
Sept. 1.	—	—	—	—	—	—	—	—	—	—	—	—	—	—	—	—	—	—
» 2.	—	—	—	—	—	—	—	—	—	—	—	—	—	—	—	—	—	—
» 3.	—	—	—	—	—	—	—	—	—	—	—	—	—	—	—	—	—	—
» 4.	—	—	—	—	—	—	—	—	—	—	—	—	—	—	—	—	—	—
» 5.	—	—	—	—	—	—	—	—	—	—	—	—	—	—	—	—	—	—
» 6.	1	—	—	—	—	—	—	—	—	—	—	—	—	—	—	—	—	—
» 7.	—	—	—	—	—	—	—	—	—	—	—	—	—	—	—	—	—	—
» 8.	—	—	—	—	—	—	—	—	—	—	—	—	—	—	—	—	—	—
» 9.	—	—	—	—	—	—	—	—	—	—	—	—	—	—	—	—	—	—
» 10.	—	—	—	—	—	—	—	—	—	—	—	—	—	—	—	—	—	—
» 11.	2	1	—	—	—	—	—	—	—	—	—	—	—	—	—	—	—	—
» 12.	2	—	—	—	—	—	—	—	—	—	—	—	—	—	—	—	—	—
» 13.	2	—	—	—	—	—	—	—	—	—	—	—	—	—	—	—	—	—
» 14.	—	—	1	—	—	—	—	—	—	—	—	—	—	—	—	—	—	—
» 15.	1	—	—	—	—	—	—	—	—	—	—	—	—	—	—	—	—	—
» 16.	1	—	—	—	—	—	—	—	—	—	—	—	—	—	—	—	—	—
» 17.	2	—	—	—	—	—	—	—	—	—	—	—	—	—	—	—	—	—
» 18.	—	—	—	—	—	—	—	—	—	—	—	—	—	—	—	—	—	—
» 19.	2	—	—	—	—	—	—	—	—	—	—	—	—	—	—	—	—	—
» 20.	1	—	—	—	—	—	—	—	—	—	—	—	—	—	—	—	—	—
» 21.	1	—	—	—	—	—	—	—	—	—	—	—	—	—	—	—	—	—
» 22.	2	—	—	1	—	—	—	—	—	—	—	—	—	—	—	—	—	—
» 23.	—	—	1	—	—	—	—	—	—	—	—	—	—	—	—	—	—	—
» 24.	—	—	—	—	—	—	—	—	—	—	—	—	—	—	—	—	—	—
» 25.	1	—	1	—	—	—	—	—	—	—	—	—	—	—	—	—	—	—
» 26.	1	—	1	—	—	—	—	—	—	—	—	—	—	—	—	—	—	—
» 27.	2	—	—	—	—	—	—	—	—	—	—	—	—	—	—	—	—	—
» 28.	2	—	3	—	—	—	—	—	—	—	—	—	—	—	—	—	—	—
» 29.	1	—	—	—	—	—	—	—	—	—	—	—	—	—	—	—	—	—
» 30.	2	—	1	—	3	—	—	—	—	—	—	—	—	—	—	—	—	—
Oct. 1.	—	—	—	—	—	—	—	—	—	—	—	—	—	—	—	—	—	—
» 2.	—	—	—	—	—	—	—	—	—	—	—	—	—	—	—	—	—	—
» 3.	—	—	—	—	2	—	—	—	—	—	—	—	—	—	—	—	—	—
» 4.	1	—	—	—	—	—	—	—	—	—	—	—	—	—	—	—	—	—
» 5.	—	—	—	—	2	—	—	—	—	—	—	—	—	—	—	—	—	—
» 6.	2	—	1	—	—	—	—	—	—	—	—	—	—	—	—	—	—	—
» 7.	1	—	1	—	2	1	—	—	—	—	—	—	—	—	—	—	—	—
» 8.	1	—	—	—	1	—	—	—	—	—	—	—	—	—	—	—	—	—
» 9.	1	—	—	—	5	—	—	—	—	—	—	—	—	—	—	—	—	—
Latus	34	1	10	1	15	1	—	—	—	—	—	—	—	—	—	—	—	—

Windischleuba.
Borgishain.
Leipzig.
Neusellerhausen.
Grethen.
Teichwolframsdorf.
Langenbernsdorf.
Zwickau.
Liebertwolkwitz.
Crimmitzschau.
Marienthal.

Monat und Datum.	Altenburg.	Knau.	Rasephas.	Nobis.	Werdau.	Windischleuba.	Borgishain.	Leipzig.	Neusellerhausen.	Grethen.	Teichwolframsdorf.	Langenbernsdorf.	Zwickau.	Liebertwolkwitz.	Crimmitzschau.	Marienthal.	Elsterberg.	Stöcken.	Glauchau.	Crossen.	Wünschendorf.	Hohenstein.	Greiz.	Wermsdorf.	Stollberg.	Ganzes Terrain.
Transport	70	1	12	1	235	1	1	1	1	1	1	1	4	1	1	1	—	—	—	—	—	—	·	—	—	333
Nov. 24.	2				2												2		2							8
» 25.	1				1																					2
» 26.	2				2								1						2							7
» 27.	4				3								1						1							9
» 28.	5				1								1						2	1						10
» 29.	3				3											1			3							10
» 30.					1												4									5
Dec. 1.	1				1												3		2							7
» 2.																1	2		1	1						5
» 3.	1				7								1				1		1							11
» 4.	1												1				3		1	1	1	1				9
» 5.					2								1				3		2	1						9
» 6.					2								1				1				1					5
» 7.													1				1		2	1			1			6
» 8.													1				1		3							5
» 9.													1				2		1							4
» 10.																		1	2							3
» 11.	1				1												1		1							4
» 12.												1							3							4
» 13.																	3									3
» 14.																1	1									2
» 15.	1															1										2
» 16.																										—
» 17.																										—
» 18.																										—
» 19.																			1							1
» 20.																										—
» 21.																										—
» 22.																										—
» 23.																			1							1
» 24.																										—
» 25.																			1							1
» 26.																										—
» 27.																										—
» 28.																								1		1
» 29.																									1	1
Summa:	92	1	12	1	261	1	1	1	1	1	1	2	14	1	1	5	28	1	32	5	2	1	1	1	1	468

Zweites Kapitel.

Krankheits- und Leichenerscheinungen, Verlauf, Behandlung.

In der überwiegenden Mehrzahl der Fälle ging dem eigentlichen Choleraanfall die sogenannte prämonitorische Diarrhöe voraus, deren Dauer in der Regel 1—3 Tage, selten darüber betrug: lediglich in Altenburg wurde sie, nach der übereinstimmenden Aussage der dortigen Aerzte, nur selten beobachtet. Es erfolgten unter häufigem Kollern im Leibe und Oppressionsgefühl im Epigestrium im Laufe von 24 Stunden 3—10 schmerzlose, dünnbreiige bis wässerige Ausleerungen. Nach einigen Tagen oder auch nur Stunden kam mehrmaliges Erbrechen hinzu mit ziemlicher Prostration, völligem Daniederliegen des Appetites, grossem Durst, Ziehen in den Waden und ziemlich farblosen Ausleerungen. Diese wurden bald ganz farblos, wässerig, folgten rasch aufeinander, es trat Erbrechen gleicher Massen ein, und zugleich oder noch vor Eintritt des Erbrechens Cyanose und Collaps (Verfall der Kräfte und beginnende Kühlung, zunächst im Gesichte, dann an den Händen und Füssen und zuletzt am Rumpfe).

Die Zunge war in der grossen Mehrzahl der Fälle etwas klebrig, grau, auch bräunlich belegt und kühl, selten roth, glatt, ganz trocken: Brechen und heftiges Oppressionsgefühl fehlten selten: der Leib war weich, teigig anzufühlen. Die Stühle waren meist ziemlich abundant, in allen schweren Fällen mehrere Tage über die Dauer des Anfalls hinaus von wässeriger Beschaffenheit, und nur allmählich wieder gallige Färbung annehmend; in einem von Dr. Rietschel beobachteten Falle in Werdau war der erste consistente Stuhl, der nach einem überhaupt kurzen Choleraanfall eintrat, noch von weisser Farbe, was für die Annahme spricht, dass die Entfärbung der Ausleerungen nicht lediglich durch die

Verdünnung der Massen bedingt ist. Die Herztöne waren in den schweren Fällen kaum zu hören, der Radialpuls erloschen, bei zarten reizbaren Individuen frequent — bis 120 Schläge in der Minute — bei kräftigen normal. Das Athmen war tief, angestrengt, selten nur oberflächlich. Die Vox cholerica war meist vorhanden und dauerte nicht selten noch im Reactionsstadium an. Die Urinsecretion stockte stets während des Anfalls. Krämpfe wurden in den ausgebildeten Fällen meist beobachtet, vorwaltend in den Muskeln der untern Extremitäten, seltner in denen des Bauches und der Oberextremitäten. Bei einem bis dahin gesunden vierjährigen Knaben sah Dr. Rietschel in den letzten Lebensstunden einseitige Krämpfe, bei einem andern bis dahin gleichfalls gesunden zweijährigen Knaben kurz vor dem lethalen Ausgange Zuckungen in den Gesichtsmuskeln.

An den Muskeln der im Anfalle Verstorbenen wollen die Wärter kurz nach dem Tode wiederholt Zuckungen gesehen haben, von einem Arzte ist eine derartige Beobachtung nicht gemacht worden.

Die Haut war während des Anfalls in den meisten Fällen trocken, kühl: die Temperatur in den Achselhöhlen schwankte zwischen 28° und 30° R. In zwei Fällen trat der Tod ein bei einer Temperatur von 30,1° und 30,2°. In zwei Fällen bei 29°, in einem bei 29,1°, in einem bei 29,6°, in zweien bei 28,9°, in einem bei 28,6°.; eine niedrigere Temperatur als 28° hat Dr. Rietschel nie gefunden, während Dr. Wenzel in Elsterberg sie in schweren Fällen bis auf 27° vermindert gefunden haben will. Lethale Steigerungen hat Dr. Rietschel niemals beobachtet. Kamen Schweisse in diesem Stadium der Krankheit vor, so waren sie immer kühl und klebrig. Trotz dieser niedrigen peripherischen Temperatur klagte die Mehrzahl der Kranken über grosse innere Hitze, sodass es oft sehr schwer war, dieselben zugedeckt zu erhalten, um die grössere Abkühlung der Haut, mit der auch die Sensibilität schwand, zu verhindern. Die Caspersche Falte zeigte sich wenigstens andeutungsweise in fast allen Fällen, nur in einem sehr rasch verlaufenden konnte Dr. Rietschel zwei Stunden vor dem Tode noch keine Andeutung einer verlangsamten Ausgleichung der Hautfalte erkennen. Gegen das lethale Ende hin liessen die Dejectionen und Krämpfe nach, die allgemeine Erschöpfung nahm überhand, und unter allmählichem Erlöschen des Bewusstseins erfolgte der Tod.

Weit seltener als die eben beschriebene cyanotische Form der Cholera war die paralytische: bei dieser erfolgten die Ausleerungen zwar anfangs in höchst stürmischer Weise, sistirten aber plötzlich, bald spontan, bald nach medicamentöser Einwirkung, und statt der Reaction trat Lähmung des Sensorium und der Motilität ein, sodass unter steter Abnahme der Thätigkeit des Circulatious- und Respirationsapparats der Tod in Zeit von 6—12 Stunden erfolgte: derartige Fälle wurden namentlich in Glauchau besonders im Anfang der Epidemie, ein sehr charakteristischer auch in Werdau von Dr. Kleinpaul beobachtet.

Der Uebergang in Genesung erfolgte in den leichtern Fällen nach mehrstündiger, in den schweren nach mehrtägiger Dauer der vorhin angeführten Krankheitserscheinungen unter Nachlass derselben und Wiederkehr des Gesundheitsgefühls. Das erste Zeichen der beginnenden Besserung war das Vollerwerden, beziehentlich Wiederkehren des Radialpulses, Schwinden der Cyanose, Erwärmung der Hautoberfläche und der Eintritt eines warmen Schweisses, die Dejectionen wurden selten, gallig gefärbt, blieben aber meist noch längere Zeit hindurch ganz wässerig, auch Erbrechen kehrte noch öfter wieder, besonders nach dem Genusse grösserer Mengen von Flüssigkeit, die bei dem anhaltenden Durst immer gierig verlangt wurden. Der Urin wurde in den leichten Fällen wenige Stunden nach Beendigung des Anfalls, in schweren Fällen erst am 2. oder 3. Tage entleert.

Mitunter verfiel der Kranke, trotz des Nachlasses der Ausleerungen und der Krämpfe, trotz der Wiederbelebung des Pulses und der Hautwärme von neuem in das Stadium algidum, oder es traten — und zwar ungefähr bei einem Drittheil sämmtlicher schwer Erkrankten in dem Reactionsstadium die Symptome des Choleratyphoïdes ein, häufig mit Krankheitserscheinungen von seiten der Lungen und Nieren. Vorübergehender Eiweissgehalt war in allen schweren, Spuren von Eiweiss meist auch in den leichten Fällen nachzuweisen. War die Urinausscheidung sparsam oder blieb sie, wie in einem von Dr. Rietschel beobachteten Falle, bis zum 12. Tage, an welchem der Tod eintrat, ganz aus, so starben die Kranken unter den Erscheinungen der Urämie, mit vollem langsamen Pulse, unter sehr verlangsamter, schnarchender Respiration und reichlicher Harnstoffausscheidung auf der Hautdecke.

Von seltenen Krankheitserscheinungen im Reactionsstadium verdient zuvörderst das Choleraexanthem Erwähnung, welches in Altenburg, Glauchau und Zwickau gar nicht, in Elsterberg und Werdau in einzelnen Fällen, beobachtet wurde. Dr. Rietschel sah es in 3 Fällen, bei einem neunjährigen Knaben, einem achtzehnjährigen Mädchen und einem fünfunddreissigjährigen Manne. In allen 3 Fällen erschien es den 9. Tag nach Beginn des Anfalls. Bei dem Knaben und dem Manne war es ein roseolöses Exanthem in mässiger Verbreitung an den Extremitäten und dem Rumpfe, das bereits den 2. Tag wieder verblasste, während es bei dem Mädchen zu einer sehr starken, dunkelrothen, in ausgedehnter Weise confluirenden Urticaria mit bedeutender Schwellung des Unterhautzellgewebes kam. Die Urticaria begann erst vom 6. Tage des Bestehens an wieder zu erblassen, später schilferte sich die Haut an den betroffenen Stellen kleienförmig ab. Bei dem Beginn der Unticaria stieg die Temperatur bis 30,8, hielt sich dann aber unter unregelmässigen Schwankungen auf einer Höhe von 29,8 — 30,4. Am 16. Tage nach Beginn des Anfalls, als die Urticaria im Zurückgehen war, stellte sich ein leichtes Oedem und völliges Unvermögen zu activer Bewegung ein. Nach einigen Tagen schwand das Oedem, die Bewegungsfähigkeit kehrte wieder, zuerst in den Fingern, dann im Unterarm, und als Patientin nach Ende der 4. Woche aus dem Spital entlassen wurde, war sie im Stande, auch den Oberarm bis zum rechten Winkel zu erheben. Der vorhererwähnte Knabe klagte, nachdem das Exanthem verschwunden war, am 12. Tage nach Beginn des Anfalls, dass er den rechten Arm nicht heben könne; am Abend delirirte der Kranke etwas, hatte ein stark congestionirtes Gesicht, heisse trockene Haut und beschleunigten vollen Puls. Zu gleicher Zeit war Lähmung auch der untern Extremitäten und der Sphincteren eingetreten, sodass Urin und dünner brauner Stuhlgang unwillkürlich abgingen. Es wurden kalte Waschungen und kalte Ueberschläge über den Kopf angeordnet. Am folgenden Morgen war der Zustand etwas besser, das Sensorium frei, das Gesicht blass, der Puls mässig frequent, jedoch auch Parese des linken Oberarms dazugekommen. Das Befinden blieb von jetzt an gut, am 14. Tage abends konnte er die Beine und die rechte Hand wieder etwas bewegen, und am 16. Tage der Erkrankung war wol noch grosse Mattigkeit und Hinfälligkeit, aber keine Spur von Paralyse, auch nicht in den Sphincteren zu finden: von da an erholte sich der Patient langsam, aber stetig.

In Werdau ward in einigen Fällen als Nachkrankheit sehr starkes Oedem der Unterextremitäten, das erst nach mehrern Wochen wieder schwand, beobachtet, ohne Albuminurie. In mehreren Fällen kam theils einseitige, theils doppelseitige Parotitis vor, die mit Abscedirung endete. Bei einem neunjährigen Mädchen, welches eine einseitige Parotitis hatte, trat nach dem Aufgehen derselben eine Pneumonie im linken untern Lappen auf, die sich am 6. Tage löste und mit Genesung endete, während ein achtundvierzigjähriger Mann am 7. Tage nach einem mittelstarken Choleraanfall eine Pneumonie der linken Lunge bekam, welche am 3. Tage das lethale Ende herbeiführte.

Recidive und zweitmaliges Befallenwerden nach dem Eintritt völliger Genesung kamen in Altenburg und Glauchau nicht, wohl aber in Zwickau, Elsterberg und Werdau vor. Dr. Rietschel beobachtete in Werdau Recidive nur in Fällen, die in der Privatwohnung behandelt wurden, meist nach leichtern Anfällen, welche sich rasch zu bessern schienen, sodass die Patienten die ihnen gerathenen Vorsichtsmassregeln unterliessen: der Rückfall war meist durch Erkältung oder Diätfehler herbeigeführt und gab im ganzen keine gute Prognose. Ein wirkliches zweitmaliges Befallenwerden hat Dr. Rietschel nur in einem Falle der schwersten Art gesehen, der jedoch in Genesung endete.

Von Nachkrankheiten wurden hauptsächlich länger dauernde Verdauungsstörungen und chronische Durchfälle beobachtet. Bei manchen Genesenen war der Stuhlgang noch eine Zeit lang zwar fest, aber farblos, wie russischer Leim.

Bei dem Kinde einer Frau, die während der Schwangerschaft einen leichten Anfall überstanden hatte, ging nach dem Meconium mehrere Tage lang aus dem Anus, getrennt vom Stuhlgang, helles Wasser ab, von scharfer ätzender Wirkung: übrigens gedieh das Kind dabei.

In Hinsicht der zur Erkrankung disponirenden Momente ist zuvörderst zu erwähnen, dass das Geschlecht sich ohne wesentlichen Einfluss zeigte, wie sich aus Tabelle 13 ergibt: denn von 467 Verstorbenen, bei welchen das Geschlecht angegeben war, waren 227 männlichen und 240 weiblichen Geschlechts. In Betreff des Alters ist aus derselben Tabelle ersichtlich, dass

$$151 = 32,3\,\% \text{ im Alter von } 0 \text{ bis mit } 20 \text{ Jahren}$$
$$127 = 27,2\,\% \text{ ,, ,, ,, } 21 \text{ ,, ,, } 40 \text{ ,,}$$
$$134 = 28,7\,\% \text{ ,, ,, ,, } 41 \text{ ,, ,, } 60 \text{ ,,}$$
$$53 = 11,4\,\% \text{ ,, ,, ,, } 61 \text{ ,, ,, } 80 \text{ ,,}$$
$$2 = 0,4\,\% \text{ ,, ,, ,, } 81 \text{ ,, ,, } 100 \text{ ,,}$$
$$\overline{467 \quad 100\,\% \text{ standen.}}$$

Tabelle 13.

Zusammenstellung der in sämmtlichen befallenen Orten an Cholera Verstorbenen nach Alter und Geschlecht.

Orte:	Vom 0 bis mit 3. Jahr			Vom 3. bis mit 13. Jahr			Vom 13. bis mit 20. Jahr			Vom 20. bis mit 30. Jahr			Vom 30. bis mit 40. Jahr			Vom 40. bis mit 50. Jahr			Vom 50. bis mit 60. Jahr			Vom 60. bis mit 70. Jahr			Vom 70. bis mit 80. Jahr			Vom 80. bis mit 90. Jahr			Summa.		
	m.	w.	Sa.	m.	w.	Sa.	m.	w.	Sa.	m.	w.	Sa.	m.	w.	Sa.	m.	w.	Sa.	m.	w.	Sa.	m.	w.	Sa.	m.	w.	Sa.	m.	w.	Sa.	m.	w.	Sa.
Altenburg	3	5	8	7	3	10	—	2	2	6	4	10	10	6	16	9	8	17	10	11	21	—	—	12	2	2	—	—	2	2	53	39	92
Knau				1		1																									1	—	1
Rasephas	5			2	1	3																									5	7	12
Nöbitz		1	1	1		1	1	1																							7	1	12
Werdau	23	20	43	16	25	41	5	10	15	9	13	22	16	29	45	14	20	34	21	12	33	12	9	21	1	3	4	—	2	2	117	143	260
Borgishain												1		1	1													1		1	1	1	1
Windischleuba																																1	1
Leipzig															1		1	1		1	1										1	1	1
Neusellerhausen																															1		1
Grethen								1	1	1		1	1	1			1														1		1
Teichwolframsdorf														1	1																	1	1
Langenbernsdorf													1	1																	2		2
Zwickau	2	2		2	2	4							1	2	3	2	4	6	1	2	3	2	1	3							7	7	14
Liebertwolkwitz														1	1	1	1															1	1
Crimmitzschau						1							1	1	1		1	1	1		1		1	1							1	1	1
Marienthal														1	1	1		1		1	1										2	3	5
Elsterberg	1	1														1	1			2	2	1		1							1	1	1
Stöcken	7	1	8							3	3		3	1	6	2	1	3		2		1	1	2							15	13	28
Glauchau	1	1				1	1	1		3	3		4		6	6	6		1		7	4	4	8	5	1	5				20	12	32
Crossen		1	1							1	1		1		1	1	1	1	1		1				1		1				1		1
Wünschendorf					2										1					1	1				2	1	2		1	1		4	2
Hohenstein		1	1		1												1	1	1		1					1	1		1	1	2		2
Greiz		1	1		1	1											1	1		1			1								—	1	1
Wernsdorf													1		1	1	1			1	1										1	—	1
Stollberg																								1							1	—	1
Summa:	34	29	63	33	36	69	7	12	19	17	25	42	37	48	85	34	35	69	37	28	65	24	20	44	4	5	9	—	2	2	227	240	467

Dem Berufe und der Lebensstellung nach gehörte die Mehrzahl der Erkrankten der arbeitenden und ärmeren Klasse der Bevölkerung an; nur in Glauchau wurden verhältnissmässig mehr Leute befallen, die nicht gerade zu den ärmsten gehörten, wenigstens nicht mit Nahrungssorgen zu kämpfen hatten. Bei 270 an Cholera Verstorbenen ist der Beruf angegeben und aus folgender Tabelle zu ersehen:

Tabelle 14.
Uebersicht der an der Cholera Verstorbenen nach der Berufsart alphabetisch geordnet.

Männer.		Weiber.	
Aufwärter.	1	Aufsehersfrau.	1
Aufläder	1	Bahnarbeitersfrau	1
Bäcker.	1	Bergarbeitersfrau u. Tochter.	2
Bürstenmacher.	1	Böttchersfrau.	1
Buchbinder	1	Buchdruckersfrau u. Tochter	2
Buchdrucker	1	Bürstenmachersfrau	1
Cigarrenmacher	2	Brotverkäuferin	1
Dosenmacher	1	Cigarrenmachersfrau.	1
Eisenbahnarbeiter	2	Dienstmädchen	6
Fabrikarbeiter	1	Fabrikarbeiterinnen	12
Fabrikanten.	3	Färbersfrau.	1
Färber.	2	Fabrikantenfrau	1
Feldhüter.	2	Glasersfrauen u. Töchter	4
Feuermänner	4	Gärtnersfrau	1
Fleischer	1	Häuslerswitwen.	2
Fuhrleute	2	Häuslersfrauen	2
Hausbesitzer	1	Häuslerstöchter	2
Hausmänner	2	Handarbeiterinnen.	18
Häusler.	1	Hebammen	2
Hutmacher	1	Hutmachersfrau	'1
Handarbeiter	19	Kanzlistenfrau	1
Kanzlist.	1	Kaufmannsfrauen	2
Kleber.	1	Köchin	1
Klempner.	2	Krankenwärterinnen.	2
Latus	54	Latus	68

Männer.	Weiber.
Transport 54	Transport 68
Korbmacher 2	Leichenwäscherinnen 4
Krankenwärter 1	Locomotivführersfrau 1
Lohgerber 1	Lohnkutscherfrau 1
Maler 1	Maurerfrauen 4
Maurer 5	Nähterinnen 2
Mehlhändler 1	Orgelbauerswitwe 1
Müller 2	Packträgersfrau 1
Packträger 3	Riemersfrau 1
Porzellanmaler 1	Schneidersfrau u. Tochter . . 2
Schneider 1	Schmidtsfrau 1
Schlosser 2	Schuhmachersfrauen und
Schnittwaarenhändler 1	Töchter 7
Schuhmacher 5	Schullehrerswitwe 1
Spinner 6	Strumpfwirkersfrau 1
Strumpfwirker 2	Seilersfrau 1
Tischler 1	Spinnersfrau 1
Tuchmacher 10	Tischlersfrau 1
Tuchscherer 2	Tuchmachersfrauen 13
Viehhändler 1	Tuchschererfrauen 3
Weber 20	Webersfrauen 16
Weichensteller 1	Weberswitwe 1
Werkführer 1	Zimmermannsfrauen 3
Zimmerleute 5	Zimmermannstochter 1
Zinngiesser 1	Ziegelbrennersfrauen 2
Ziegelbrenner 2	Sa. 137
Sa. 133	

Auffällig ist in dieser Uebersicht, dass kein Arzt, ein einziger Krankenwärter, aber vier Leichenfrauen der Cholera erlegen sind.

Eine grosse Disposition zur Erkrankung an der Cholera gaben nachweislich grobe Erkältungen (daher namentlich häufige Anfälle in der Nacht vom Sonnabend zum Sonntag nach dem Scheuern eintraten), Diätfehler, Misbrauch geistiger Getränke, heftige Gemüthsbewegungen, als Schreck, Angst u. dgl.

Sectionen sind nur wenig vorgenommen worden: von fünf folgen im Anhange die Protokolle bei, aus welchen als die den Nr. 1—4 gemeinsamen Merkmale Hyperämie des Gehirns, Injection der Darmserosa, dickes theerähnliches Blut hervorgehoben zu werden verdienen, während bei Nr. 5 eine beträchtliche Infiltration der Niere auffiel. Chemische oder mikroskopische Untersuchungen der Dejectionen sind nicht vorgenommen, namentlich ist auch das Verhalten derselben zu Wasserstoffhyperoxyd nicht geprüft worden.

Ueber die Dauer der Krankheit in den mit Tode endigenden Fällen gibt Tabelle 15 Aufschluss, aus welcher sich ergibt, dass von 445 Verstorbenen

258 = 58,0 % vor Ablauf des 1. Tages nach Beginn der Erkrankung
82 = 18,4 % am 2. Tage
29 = 6,5 % „ 3. „
21 = 4,7 % „ 4. „
17 = 3,8 % „ 5. „
8 = 1,8 % „ 6. „
9 = 2,0 % „ 7. „
5 = 1,1 % „ 8. „
2 = 0,4 % „ 9. „
4 = 0,9 % „ 10. „
1 = 0,2 % „ 11. „
1 = 0,2 % „ 13. „
5 = 1,1 % „ 14. „
1 = 0,2 % „ 19. „
2 = 0,4 % „ 25. „

verstorben sind. Aus dem Umstande, dass 58 % aller Verstorbenen noch vor Ablauf von 24 Stunden, 28,8 % sogar vor Ablauf von 12 Stunden gestorben sind, erklärt sich die grosse Furcht, die zur Zeit einer Choleraepidemie in dem Publikum herrscht.

Tabelle 15.

Uebersicht über die Krankheitsdauer von 445 mit dem Tode endigenden Fällen.

Orte:	bis 12 St.	24 St.	1½ Tage	2 Tage	2½ Tage	3 Tage	3½ Tage	4 Tage	4½ Tage	5 Tage	6 Tage	6½ Tage	7 Tage	7½ Tage	8 Tage	9 Tage	10 Tage	11 Tage	13 Tage	14 Tage	19 Tage	25 Tage	Summa
Altenburg	13	20	9	5	2		1	4	3	4		2	4			2				1			70
Knau	1																						1
Rasephas	5	5	1											1									12
Nöbitz				1																			1
Werdau	78	77	3	40		20		10		8	5		3		3		4	1	1	4	1	2	260
Windischleuba		1																					1
Borgishain		1																					1
Leipzig	1																						1
Neusellerhausen		1																					1
Grethen		1																					1
Teichwolframsdorf				1				1															2
Langenbernsdorf	2	1	2	4		3		2															14
Zwickau		1																					1
Liebertwolkwitz			1																				1
Crimmitzschau		2		1				2															5
Marienthal	7	10	1	5		2				1	2												28
Elsterberg															1								1
Stöcken	15	10	1	3				1		1	1												32
Glauchau	3			1		1																	5
Crossen				1		1																	2
Wünschendorf							1																1
Hohenstein				1																			1
Greiz	1																						1
Wermsdorf	1																						1
Stollberg	1																						1
Summa:	128	130	18	63	2	27	2	20	3	14	8	2	7	1	4	2	4	1	1	5	1	2	445

Ueber die Dauer der Krankheit in den Fällen mit Ausgang in Genesung liegen nur aus Altenburg genaue Angaben vor: hier trat nämlich die Arbeitsfähigkeit

$$
\begin{array}{rlll}
8 & \text{mal in} & 2 & \text{Tagen} \\
2 & ,, \quad ,, & 4 & ,, \\
5 & ,, \quad ,, & 5 & ,, \\
3 & ,, \quad ,, & 6 & ,, \\
5 & ,, \quad ,, & 7 & ,, \\
6 & ,, \quad ,, & 8 & ,, \\
1 & ,, \quad ,, & 9 & ,, \\
6 & ,, \quad ,, & 10 & ,, \\
3 & ,, \quad ,, & 11 & ,, \\
4 & ,, \quad ,, & 12 & ,, \\
3 & ,, \quad ,, & 14 & ,, \\
1 & ,, \quad ,, & 16 & ,, \\
1 & ,, \quad ,, & 17 & ,, \\
3 & ,, \quad ,, & 20 & ,, \\
\end{array}
$$

somit in 90,2 % aller Fälle vor Ablauf von 14 Tagen ein, welche Zeitdauer auch von den Aerzten der übrigen Orte, in welchen die Cholera epidemisch herrschte, als die durchschnittliche angegeben wird.

Nach Ausweis der officiellen Listen beträgt die Zahl der in dem ganzen befallenen Terrain an Cholera Erkrankten 1191: hiervon sind gestorben 467 = 39,2 %. Die Reihenfolge der einzelnen epidemisch ergriffenen Orte nach der procentischen Sterblichkeit geht aus nachstehender Uebersicht hervor:

Name des Orts	Erkrankte	Gestorbene	Auf 100 Erkrankte kommen somit Gestorbene
Zwickau	22	14	63,6
Rasephas	19	12	63,1
Altenburg	157	92	58,6
Glauchau	56	32	57,1
Marienthal	9	5	55,5
Elsterberg	86	28	32,5
Werdau	812	260	32,0
Sa.	1161	443	38,1

Dass in den beiden letztgenannten Orten die Sterblichkeit anscheinend so auffallend geringer war, als in den 5 zuerst erwähnten, hat lediglich darin seinen Grund, dass an beiden Orten nicht blos solche Kranke in die Choleralisten aufgenommen wurden, die im Beginn des Stadium algidum standen, sondern auch eine grosse Anzahl solcher, welche an Durchfall oder leichtem Brechdurchfall litten. Scheidet man daher die an beiden Orten aufgeführten Kranken und Todten aus, so ist in den epidemisch ergriffenen Orten allein die Zahl der Erkrankten 263, die der Verstorbenen $155 = 58,9 \%$, in den Orten des gesammten Terrains (mit Ausschluss von Werdau und Elsterberg) die Zahl der Erkrankten 293, die der Verstorbenen $179 = 61,1 \%$.

In Betreff des Geschlechts zeigte das weibliche eine etwas geringere Sterblichkeit als das männliche: denn von den gedachten 293 Kranken starben von

$$
\begin{array}{ll}
151 \text{ Kranken männlichen Geschlechts} & 95 = 62,9 \% \\
\underline{142 \quad \text{,,} \quad \text{weiblichen} \quad \text{,,}} & \underline{84 = 59,1 \%} \\
293 & 179 = 61,1 \%
\end{array}
$$

Hinsichtlich des Alters ergibt sich aus der nachstehenden Uebersicht, dass das Alter zwischen 70 und 80 die grösste Sterblichkeit zeigte, nach diesem das zwischen 60 und 70, dann das bis zum 3. Lebensjahre,

dann das	zwischen	dem		50.	und	60.	Lebensjahre.
,,	,,	,,	,,	30.	,,	40.	,,
,,	,,	,,	,,	40.	,,	50.	,,
,,	,,	,,	,,	3.	,,	13.	,,
,,	,,	,,	,,	20.	,,	30.	,,
,,	,,	,,	,,	14.	,,	20.	,,

Uebersicht über die Sterblichkeit in den einzelnen Altersklassen.

Im Alter von	Erkrankte			Gestorbene			Auf 100 Erkrankte kommen Gestorbene
	männlich	weiblich	Sa.	männlich	weiblich	Sa.	
Im Alter von 0 bis mit 3 Jahren	5	10	15	4	8	12	80,0
„ „ 3 „ 13 „	23	22	45	15	9	24	53,3
„ „ 13 „ 20 „	10	7	17	2	2	4	23,5
„ „ 20 „ 30 „	16	19	35	8	9	17	48,6
„ „ 30 „ 40 „	25	30	55	18	16	34	61,8
„ „ 40 „ 50 „	30	22	52	19	13	32	61,5
„ „ 50 „ 60 „	25	18	43	15	15	30	69,8
„ „ 60 „ 70 „	14	12	26	11	10	21	80,8
„ „ 70 „ 80 „	3	2	5	3	2	5	100,0
Sa.	151	142	293	95	84	179	61,1
				$= 62,9\%$	$= 59,1\%$		

Erhöhte Sterblichkeit war bei herabgekommenen, schlecht genährten Individuen zu bemerken, namentlich bei Säufern (von 19 notorischen Säufern in Werdau starben nach einer Mittheilung des Dr. Rietschel 15, und zwar 11 noch im Stadium algidum), ferner bei Schwangeren. In Betreff letzterer war bei der im Jahre 1849 in Glauchau aufgetretenen Epidemie die Beobachtung gemacht worden, dass sie im Laufe der Krankheit abortirten. Diesmal starben sämmtliche in Glauchau befallene Schwangere, jedoch ohne vorher zu abortiren: bei einer im 4. Monate Stehenden trat nur eine Blutung ein. In Werdau abortirten häufig Schwangere während der Choleraepidemie, selbst solche, die keinen Anfall erlitten hatten (Dr. Kleinpaul).

Die Behandlung war in der Hauptsache folgende:

Zur Beseitigung des Durchfalles wurden in Werdau die Kranken in das Bett gesteckt, gewärmt und ihnen ein heisser aromatischer Thee, meist Pfefferminzthee, der am besten den Durst zu stillen pflegte, gegeben, dabei aller 1 oder 2 Stunden innerlich 10 — 20 Tropfen einer Mischung von Tnct. aromat.*) mit Tnct. Op. spl.**), Clysmata von Amylum mit Tnct. Opii spl. oder Alaun. Unter dieser Behandlung wich, einer Angabe des Dr. Rietschel zufolge, bei 95 % der Durchfall und es trat Genesung ein. Waren die Diarrhöen hartnäckiger, so gab Dr. Rietschel das Opium in Verbindung mit Tannin, Tnct. Ratanhiae, Alaun, Magist. Bismuth. (mehrmals am Tage 1 Messerspitze voll). Bei kleinern Kindern hat Dr. Rietschel das Opium ganz vermieden, und nur Adstringentien, namentlich Tannin oder Ferrum sesquichloratum gegeben. Dr. Kleinpaul in Werdau verordnete im Beginn meist die Tinct. aurea***) mit einem grösseren oder geringeren Gehalte an Tnct. Op. spl., und überliess die Wahl des Getränkes dem Kranken, sodass Selterswasser, bairisch Bier, Rothwein mit Wasser, mitunter Grog, Pfefferminzthee, Haferschleim u. dgl. in

---

*) T. aromat. Ph. Sax.
Zimmtcassia 1 Unze, Cardamomen, Gewürznelken, Galgant und Ingwer von jedem zwei Drachmen werden mit 12 Unzen rectificirten Weingeist digerirt.
**) T. Opii. spl. Ph. Sax. (1 Drachme Tinctur enthält 6 Gran Opium.)
***) Tnct. aurea.
T. Valer. spl. T. Valer. aether ca ℨ jjj
Vin. Jpec. ℈j. T. Op. spl. ℨ ß.
Ol. Menth. pip. gtt. V jjj.

Gebrauch kamen: nur durften die Kranken nicht viel auf einmal zu sich nehmen.

Dr. Zeising in Werdau wendete gegen die prämonitorische Diarrhöe Tnct. Chin. composita*) an, entweder rein oder mit Tannin, Ratanhia, Catechu, vorzugsweise aber Opium, sowohl in Form der Tinctur als des Pulvers. Hierbei war es ihm interessant zu sehen, wie die Wirksamkeit des Opiums im umgekehrten Verhältnisse zu dem Steigen und Fallen der Epidemie sich verhielt. In der 3. Woche der Epidemie in Werdau gab Dr. Zeising einem Kranken binnen 40 Stunden 44 Gran Opium in 36 eingränigen und 4 zweigränigen Dosen, ohne dass Narkose oder nur Schlaf eintrat. Der Fall endete ohne Eintritt eines Typhoids rasch mit Genesung. Ein anderer ebenfalls genesener Kranker hat binnen drei Tagen Tnct. Op. spl. ʒ Vj. und Pulv. Op. gr. Xjj genommen, ohne jede Narkose: während eines einzigen Tages war leichter Sopor vorhanden, der betreffende Kranke war ein schwächlicher Mann, an Spirituosa nicht gewöhnt.

In der zweiten Hälfte der Epidemie trat oft schon nach zwei- bis dreimaliger Darreichung von je 10 Tropfen Tnct. Op. eine ziemlich bedeutende Narkose ein, weshalb Dr. Zeising in dieser Zeit vorzugsweise die Tannica gab, denen er, um die Wirkung sicherer zu machen, nur eine ganz kleine Menge Opium zusetzte. Dr. Zeising wendete auch häufig Clysmata an, entweder von Stärke allein, oder mit Alaun, Tannin, Opium. Meist wurden dieselben warm gegeben, zuweilen auch kalte, welche jedoch den Kranken weniger angenehm waren. Die Klystiere wurden im ganzen gut vertragen, und wirkten meist rascher und sicherer, als verstopfende Mittel inwendig. Ganz wirkungslos blieben dieselben, sobald Lähmung des Sphincter ani eingetreten war. In solchen Fällen wandte Dr. Zeising Tnct. Nuc. vomic. (gtt. x. pro dosi.) an, jedoch ohne sichtlichen Erfolg, während dieselbe als Stomachicum gute Dienste that. Magist. Bismuth. (aller Stunden circa: 5 Gran) wendete Dr. Zeising an, sowohl bei der prämonitorischen Diarrhöe, als bei den Durchfällen während des Anfalles und nach demselben, namentlich in der Kinderpraxis. Es wirkte ziemlich

---

*) T. Chin. comp. Ph. Sax.
4 Unzen braune Chinarinde, 1½ Unzen rad. Gentian., 1½ Unzen Pommeranzenschalen werden mit 48 Unzen rectif. Weingeist 6 Tage lang bei gelinder Wärme digerirt.

gut, wurde oft vertragen, wo jedes andere Mittel ausgebrochen wurde, und wurde gern genommen.

Von Natrum bicarbon. sah Dr. Zeising keine Wirkung, ebenso wenig Dr. Rietschel von Natrum bicarbon. mit Ol Ricini nach der von Küss („Deutsche Klinik" 1865, Nr. 34 — 38) angegebenen Methode.

Dr. Zenker in Glauchau gab Natr. bicarbon. mit Aether und T. Op. spl. Dr. Seume Tannin c. Op. Dr. Töpfer: Tnct. Valerian c. T. Op. Dr. Leopold: T. Op. spl. Ɔj — bis Ɔjj Aq. dest. ʒjjj Aq. Menth. Pip. ʒj. Liq. anodyn. min. Hoffm. gtt. Vj-. x. Aller halbe bis ganze Stunden 25 Tropfen zu nehmen. Dr. Voss glaubte von der Anwendung des Plmb. acet. mit Opium guten Erfolg gesehen zu haben. Opium mit Catechu soll nach Angabe des Dr. Seume den Uebergang der Diarrhöe in Cholera verhütet und in der Cholera selbst die besten Dienste geleistet haben.

Argentum nitricum ward von den glauchauer Aerzten, als unwirksam, bald aufgegeben, während Dr. Rothe in Altenburg von dem Argent. nitr. (gr. ⅛ pro dosi) in vielen Fällen gute Wirkung gesehen hat. Letztgenannter Arzt will die indifferente Diarrhöe, die der Anwendung von Opium und Adstringentien leicht weicht, von der Cholera ganz getrennt wissen, in welcher diese Mittel gar nichts nützten.

Gegen das Erbrechen ward in Werdau und Elsterberg hauptsächlich Morphium aceticum mit Aq. laurocer. (gr.j auf ʒjj), unmittelbar nach dem Erbrechen 30 — 40 Tropfen, angewendet. In der grossen Mehrzahl der Fälle hörte danach das Brechen und Oppressionsgefühl im Magen auf. Brachen die Kranken nochmals, so wurde die Dosis unmittelbar danach wiederholt, meist mit gutem Erfolge.

Dr. Barth in Zwickau, Dr. Wenzel und Dr. Pleissner in Elsterberg machten bei hartnäckigem Erbrechen subcutane Injectionen von Morphium. Der Erfolg war insofern ein günstiger, als das Brechen aufhörte: trotzdem endeten die Fälle mit dem Tode.

Dr. Barth beobachtete in Marienthal, dass das Brechen durch den Genuss von Pfefferminzthee nur vermehrt wurde, er liess deshalb Wasser, jedoch nur in kleinen Quantitäten auf einmal, geniessen und warme Breiumschläge über die Magengegend machen.

Dr. Zeising in Werdau liess Selterswasser trinken, zuweilen starken Kaffee, häufiger sehr starken Kamillenthee, und ebensolche Umschläge auf die Magengegend machen, ferner Bier (selten mit Erfolg), Wein, der gut vertragen wurde. In Glauchau und Elsterberg wurden Eispillen mit gutem Erfolge angewendet, in Werdau von Dr. Kleinpaul eine Mischung von Tnct. opii crocata*) mit Tnct. nuc. vom. und T. Chin. compos. Gegen Ende des ersten Stadiums, wenn bereits heftiges Erbrechen eingetreten war, und im zweiten Stadium hat Dr. Zeising in Werdau in einer Reihe von Fällen Kreosot gegeben, meist in einer Gummiemulson. „Es waren dies", um mit dessen eigenen Worten zu reden, „Fälle, die zu den schwersten gehörten, und wenn sonst in der Neustadt circa: 50 % starben, so hatte ich von den mit Kreosot Behandelten auf 4 Cholerafälle 1 Todesfall. Ich gab es zuerst (ʒ ß prodie) zwei am Morgen in Behandlung kommenden, schon im Kältestadium befindlichen Kindern, die Abends bereits wieder warm waren. Beide sind genesen (sie haben kein Opium, das eine Kind überhaupt keine Medicin weiter bekommen.) Dann gab ich es in einer Familie, in welcher Vater und Sohn gleichzeitig an heftigen Durchfällen erkrankt waren, dem Sohne, dem Vater dagegen Opium. Abends ging es bei dem Sohn, einem schwächlichen Menschen. gut, während bei dem Vater weisse Stuhlgänge dawaren bei fortdauerndem Erbrechen und kleinem Pulse. Er bekam nun auch Kreosot (ʒj auf ʒ Vj, stündlich einen Esslöffel) und das Erbrechen sistirte schon nach wenigen Stunden. Nach 2 Tagen befand er sich bei alleinigem Gebrauch des Kreosot ebenfalls ausser Bett. So könnte ich noch eine Reihe von Fällen aufführen, könnte aber natürlich auch einzelne ungünstige mit erzählen. Meist liessen die Durchfälle nach, ohne ganz aufzuhören, das Brechen sistirte gewöhnlich, Collaps trat gar nicht ein oder blieb nur unbedeutend: war er eingetreten, so verschwand er allmählich binnen 12 — 24 Stunden, die meisten Kranken nahmen das ekelhaft schmeckende Medicament ohne Widerstreben, einzelne sogar sehr gern."

---

*) Tnct. Opii. crocata Ph. Sax.
4 Unzen getrocknetes und gepulvertes Opium, 1½ Unzen zerschnittener Safran, 2 Drachmen Zimmt und 2 Drachmen Gewürznelken werden mit 38 Unzen echtem Malagawein bei gelinder Wärme 3 Tage lang digerirt, dann colirt und der Colatur so viel Wein wieder zugesetzt, als bei der Digestion verloren gegangen ist. (In der Drachme sind 6 Gran Opium.)

Dr. Kleinpaul wendete auch mehrmals Kreosot an, stand jedoch bald wieder davon ab, weil das Mittel, nur in den Mund genommen und sofort wieder ausgespukt, dennoch alsbald mehrmaliges heftiges Erbrechen nach sich zog, obwol es in zweckmässiger Verbindung und Verordnung gegeben worden war. Gegen die Muskelkrämpfe wurden Einreibungen mit Senföl, Senfspiritus, Kampherspiritus angewendet.

Zur Beseitigung der Kälte kamen in Elsterberg Dampfwannen-bäder, in einzelnen Fällen auch kalte Einwickelung in Anwendung, erstere mit besserem Erfolg: in Zwickau lauwarme Wasserbäder, nach denen die Temperatur sich hob. Der reichliche Genuss heisser Getränke, der Vielen zuwider war, und das Brechen häufig noch vermehrte, bewirkte zwar häufig, dass die Haut warm und feucht wurde, indess behielten oft die Kranken ein Gefühl von Kälte längs der Knochen, ja sogar nach erloschener Epidemie klagten manche der befallen gewesenen Frauen über eine solche Empfindung. Nach einer Beobachtung des Dr. Zeising blieben die Erschei-nungen des Collapses, als Kühlsein der Haut, langsamer ober-flächlicher Athem, Schwäche des Pulses, länger anhaltend, wenn man mit der Darreichung von Analepticis zu zeitig und sofort nach Beseitigung der gefahrdrohendsten Erscheinungen aufhörte.

Dr. Töpfer in Glauchau rühmte die Wirkung von Aether-klystieren, sämmtliche Aerzte in Glauchau die des innern Gebrauchs von ätherhaltigen Tincturen mit Kampher. Letzterm, dem Kampher, wird von mehrern Seiten, unter andern namentlich auch von Dr. Rietschel in Werdau, ein warmes Lob ertheilt. Dr. Rietschel wendete ihn bei zunehmendem Collaps in eingränigen Dosen an-fangs stündlich, selbst halbstündlich an, bis der Zustand sich wieder besserte, und hat unter dieser Behandlung sehr schwere Fälle genesen sehen. Dieselbe Beobachtung hat Med. Pract. Klahre in Werdau gemacht.

Dr. Barth in Zwickau hat in zwei Fällen, wo die Haut zwar noch warm, aber der Puls nicht mehr fühlbar war, subcutane Injectionen von Chininum sulfuricum gemacht: in beiden Fällen trat Genesung ein. Im Stadium algidum gab er Chininum sulfuricum in kleinern, in der Reconvalescenz in grössern Dosen.

Dr. Zeising in Werdau hat Chinin in mehrern Fällen im ersten Stadium innerlich angewendet, sowohl in kleiner Dosis (2 Gran pro dosi), als in grossen (Ʒj pro dosi), jedoch ohne dass die Durchfälle sistirten oder der Eintritt des Collaps verhindert wurde.

Im Reactionsstadium wie im Typhoid ward meist rein exspec-
tativ verfahren, kühlendes, säuerliches Getränk, Acidum muriaticum,
Selterswasser und dergleichen verabreicht, bei Delirien kalte Ueberschläge über den Kopf gemacht, zur Beförderung der Diurese
von Dr. Rothe in Altenburg Infus. Digital mit Liq. Ammon-
acet. gegeben, von Dr. Zeising Einreibung des Leibes und der
Nierengegend mit Linim. volatile. camphoratum, letzteres mit
sichtlichem Erfolge.

Einen Einfluss der Behandlung auf den Eintritt des Cholera-
typhoids konnte Dr. Zeising nicht wahrnehmen: er sah es öfters
bei solchen, die erst im asphyktischen Stadium in Behandlung
kamen, und gar kein Opium bekommen hatten: die schlafsüchtigen
Zustände, die allerdings öfter vorkamen, liessen sich nach demselben Berichterstatter bei dem Mangel an Eiweiss im Urin wohl
oft auf Opiumnarkose beziehen.

Dass der Gebrauch des Opiums die Genesung verlangsame,
glaubt Dr. Zeising nicht, wenigstens hat er Kranke gesehen,
die ohne Opium bekommen zu haben, trotz der günstigsten Verhältnisse sich sehr langsam erholten, während Andere ungeachtet
eines starken Opiumverbrauchs sich sehr rasch erholten.

Wenn das Opium vielleicht irgendeinen Nachtheil hatte, so
waren dies die chronischen Durchfälle, die häufig sehr lange bei
solchen zurückblieben, die während der Choleraepidemie mit oder
ohne Grund viel Opium verbraucht hatten.

Drittes Kapitel.
Sanitätspolizeiliche Vorkehrungen.

———

Die sanitätspolizeilichen Vorkehrungen hatten in der Hauptsache den Zweck, theils das Publikum aufzuklären und zu beruhigen, theils die locale Disposition zum Ausbruche der Cholera zu verringern, theils endlich die Weiterverbreitung der einmal aufgetretenen Krankheit möglichst zu verhindern.

Zum Behuf der Aufklärung des Publikum ward in Dresden, sowie es bekannt wurde, dass die Cholera in Altenburg epidemisch herrsche, von dem königlichen Landesmedicinalcollegium die nachstehende Belehrung verfasst und in zahlreichen Exemplaren in dem ganzen Lande verbreitet.

———

Verhaltungsmassregeln beim Herannahen und beim Auftreten der Cholera.

Wo immer die Cholera auszubrechen droht, ist die Erhaltung einer reinen Luft in den Häusern, besonders in den Wohn- und Schlafstuben von der grössten Wichtigkeit.

Daher sorge man dafür durch fleissiges Oeffnen der Fenster.

Stuben oder Werkstätten, in welchen sich viele Personen aufzuhalten pflegen, lasse man, wenn es nicht erst vor kurzem geschehen ist, baldigst weissen.

Man dulde keine Anhäufung von Unrath, Küchenabfällen, Kehricht u. s. w. im Hause, sondern entferne sie sobald als möglich.

Abtritte, Schleussen und Gräben, zumal wenn sich aus ihnen stinkende Ausdünstungen entwickeln, müssen oft desinficirt und geruchlos gemacht werden.

Düngergruben und dergleichen Haufen, sowie Ansammlungen von Unrath aller Art sind ebenfalls zu desinficiren und bald zu reinigen und beziehendlich fortzuschaffen. Doch lasse man die Desinfection immer der Fortschaffung vorausgehen, um bei dem unvermeidlichen Aufrühren des Unraths dessen schlimme Ausdünstungen so unschädlich als möglich zu machen. Die Desinfection kann aber das Fortschaffen des Unraths nicht überflüssig machen. Nur wo letzteres durchaus nicht ausführbar ist, muss man durch häufiges, womöglich täglich zu wiederholendes Zuschütten des Desinfectionsmittels vor den schädlichen Dünsten sich zu schützen suchen.

Niemand vernachlässige diese Massregeln, er wird sonst nicht nur sich, sondern auch die übrigen Mitbewohner des Hauses und die Nachbarn grosser Gefahr aussetzen.

Das Wasser, welches man zum Trinken benutzt, prüfe man oder lasse es prüfen. Wenn die Brunnen durch pflanzliche oder thierische Zersetzungsstoffe, insbesondere von benachbarten undichten Schleusen oder Düngergruben her verunreinigt sind, vermeide man das Wasser daraus auf das strengste.

In Betreff der Kost bleibe man bei seiner gewohnten Lebensweise. Unmässigkeit im Essen und Trinken ist ebenso schädlich, als zu ärmliche Kost.

In Betreff der Kleidung halte man den Körper und zumal die Füsse warm, so wie es der Jahres- und Tageszeit angemessen ist, aber nicht mehr als nöthig.

———

Ist die Cholera am Orte wirklich aufgetreten, so beobachte man noch Folgendes:

Da dem Erkranken an der eigentlichen Cholera fast immer für einen oder einige Tage eine anscheinend leichte Diarrhöe vorausgeht, welche, wenn sie beachtet wird, in der Regel leicht heilbar ist, so vernachlässige man nie diese Diarrhöe und wende sich bei dem ersten Auftreten derselben an den Arzt, dringe auch bei allen Personen, die zum eigenen Haushalte gehören, auf die gleiche Aufmerksamkeit. Diese Vorschrift ist von grösster Wichtigkeit und kann, genau beobachtet, viel Kummer und Elend verhüten.

Da die Ausleerungen der Cholerakranken, und zwar auch der an einfacher Choleradiarrhöe Leidenden die Träger des Ansteckungsgiftes sind, so müssen sie stets desinficirt werden, ehe sie in den Abtritt oder die Düngergrube geschüttet werden.

Ebenso ist die Leib- und Bettwäsche der Kranken sorgsam zu desinficiren, ehe sie zum Waschen gelangt, und zwar sofort, nachdem sie verunreinigt und dem Kranken abgenommen worden ist. Nie lasse man sie undesinficirt hinlegen und trocken werden.

Desgleichen sind die Stubendielen und Geräthe, wenn sie durch jene Ausleerungen zufällig verunreinigt sind, baldigst mit einem Desinfectionsmittel zu reinigen.

Im Krankenzimmer lasse man nicht mehr gesunde Personen sich aufhalten, als durchaus nothwendig ist, und lüfte dasselbe oft und reichlich durch Oeffnen der Fenster.

Wird das Krankenzimmer als solches nicht mehr gebraucht, so desinficire man es durch mehre Stunden lang fortgesetzte Chlorräucherungen, und lasse dann die Wände mit chlorkalkhaltigem Wasser, alles Holzwerk mit Seife abwaschen.

Wollene Kleider oder Betten, die nicht gewaschen werden können, werden zugleich mit dem Zimmer durch Chlorräucherung desinficirt und dann im Freien oder auf einem luftigen Boden gut ausgelüftet.

In den Häusern, in welchen Cholerakranke sich befinden oder befunden haben, desinficire man die Abtritte besonders fleissig und beachte in der Lebensweise alle sonst schon angegebenen Regeln.

———

Ueber die in jedem Falle passendsten Desinfectionsweisen befrage man den Arzt, der nach den vorhandenen Umständen und Verhältnissen am besten Rath ertheilen wird.

In der Regel wird man Folgendes anwenden können:

Zur Desinfection von Abtritten, Schleusen und Abzugsgräben nimmt man eine Lösung von Eisenvitriol, auf 5 Kannen Wasser 2 Pfund. Dieser Lösung kann man noch $1/4$ Pfund Chlorkalk unter Umrühren zusetzen. Man giesst von dieser Flüssigkeit in die Abtrittsschlote oder die Schleusen und zwar, wo ein übler Geruch sich fand, so viel, bis der Geruch verschwunden ist; wiederholt dies auch täglich.

Ebenso verfährt man mit Ansammlungen von Dünger und ähnlichem Unrath vor dem Fortschaffen desselben.

Können diese Ansammlungen nicht fortgeschafft werden, so bedeckt man sie, nachdem sie mit Eisenvitriol übergossen sind, noch mehrere Zoll hoch mit trockener Erde.

Leib- und Bettwäsche weicht man $\frac{1}{2}$ Stunde lang in einem Gefäss mit Wasser, dem man eine Hand voll Chlorkalk zugesetzt hat, und bringt sie dann in kochendes Wasser. Mit chlorkalkhaltigem Wasser wäscht man auch die verunreinigten Dielen u. s. w. ab. Die Ausleerungen von Cholerakranken übergiesst man in den Gefässen, welche sie aufnehmen, sofort mit Eisenvitriol und Chlorkalk. Zum Desinficiren des leeren Krankenzimmers stellt man darin eine Schüssel mit Wasser auf, schüttet 1 Pfund Chlorkalk in dieselbe, übergiesst diesen mit 2 bis 3 Loth Schwefelsäure und hält Thüren und Fenster mehrere Stunden lang geschlossen. Hierbei kann man zugleich wollene Kleider und Betten mit desinficiren, indem man sie in das Zimmer vor Beginn der Chlorräucherung bringt und von dem sich entwickelnden Chlorgas durchziehen lässt".

Ausserdem ward in sämmtlichen Orten, in welchen die Cholera epidemisch auftrat, regelmässig die Zahl der an Cholera Erkrankten und Verstorbenen veröffentlicht, damit nicht das Publikum durch übertriebene Gerüchte beunruhigt werde.

Zum Behufe der Verringerung der Localdisposition zum Ausbruche der Cholera strebte man danach, alle faulenden Stoffe zu beseitigen, durch welche die Luft, oder das Wasser, oder das Erdreich verunreinigt werden könnte. Es erging daher an sämmtliche Medicinalpolizeibehörden des Königreichs Sachsen die Verordnung, für Reinhaltung und Desinfection aller Localitäten, welche übelriechende und gesundheitsschädliche Ausdünstungen verbreiten, insbesondere der Aborte und Kloaken in Privathäusern, Gasthöfen, Schulen, Bahnhöfen, Gefängnissen und andern öffentlichen Anstalten, sowie der übelriechenden Schleusen und Gräben, namentlich solcher, die sich in oder nahe bei Wohnhäusern befinden, Sorge zu tragen.

Obwol seitens der Behörden durch Strafandrohung für Vernachlässigung der gegebenen Vorschriften, durch Abgabe der Desinfectionsmittel zu ermässigten Preisen oder bei bescheinigter Armuth unentgeltlich auf möglichst allgemeine Ausführung der gedachten Massregeln hingewirkt wurde, so scheiterten doch die Bemühungen zum grossen Theil an der Indolenz und Bequemlichkeit der Bewohner, und diese Wahrnehmung veranlasste den Stadtrath zu Zwickau, die Desinfection sämmtlicher Aborte vom 9. November an (nicht erst, wie Pettenkofer, a. a. O., S. 127 sagt, von dem Tage an, an welchem der erste Cholerafall in Marienthal vorkam), seitens der Behörde selbst in die Hand zu nehmen und zur Ausführung zu bringen. Zu diesem Behufe wurden 13 Desinfectionsmänner angestellt, die 7 Wochen lang, d. h. bis 3 Wochen nach dem letzten in Zwickau vorgekommenen Choleratodesfall die regelmässige Desinfection sämmtlicher Aborte in Zwickau durch Eisenvitriollösung vornahmen. Dass dies nicht täglich in jedem bewohnten Gebäude geschehen sein kann, lehrt ein einfaches Rechenexempel: Zwickau hat 1201 bewohnte Gebäude: es musste also jeder der 13 Desinfectionsmänner täglich in 92,4 bewohnten Gebäuden: oder — bei 12 Arbeitsstunden — stündlich in 7,7 bewohnten Gebäuden die Aborte desinficirt haben, was rein unmöglich ist. Verbraucht wurden 366 Centner Eisenvitriol, es kamen somit

für jedes der 1201 bewohnten Gebäude auf die ganze Zeitdauer 30,5 Pfund, auf den einzelnen Tag 0,6 Pfund
für jeden der 22432 Bewohner auf die ganze Zeitdauer 1,6 Pfund, auf den einzelnen Tag 0,03 Pfund.

Die Kosten dieser allgemeinen Desinfection beliefen sich auf circa 1700 Thaler, für einen Tag also auf 32,7 Thaler, und zwar wurden verausgabt:

640 Thlr.	—	Ngr.	—	Pf.	für 366 Centner Eisenvitriol à 1 3/4 Thaler
284 „	9 „		5 „		„ Lösung und Transport der Desinfectionsmittel.
629 „	20 „		— „		„ Löhne an 13 Desinfectionsmänner pro Tag à Mann 20 Neugroschen, einen Aufseher pro Tag 1 Thaler.
160 „	24 „		6 „		„ Requisiten und Handwerkerarbeiten: Kübel, Plumpen, Fässer u. dgl.
22 „	16 „		— „		„ Leihen von Karren.
1737 Thlr.	10 Ngr.	1 Pf.			

In dem dritten und vierten Posten sind jedoch Ausgaben für Löhne und Requisiten mit einbegriffen, die der prophylaktischen Desinfection nicht mehr angehören, wie z. B. für Lagerdecken, Siechkörbe, Leichentransporteur, sodass der Ansatz von 1700 Thaler eher zu hoch als zu niedrig gegriffen ist.

Die Kosten der allgemeinen Desinfection betragen also für jeden der 22432 Bewohner auf die ganze Zeitdauer 23 Pfennige, somit auf einen Tag 0,4 Pfennige für jeden der 15061 Erwachsenen (über 14 Jahre) auf die ganze Zeitdauer 33 Pfennige, somit auf einen Tag 0,6 Pfennige. Ob es die Stadt Zwickau dieser allgemeinen prophylaktischen Desinfection zu danken gehabt hat, dass sie trotz des steten und mannichfachen Verkehrs mit der so stark inficirten Nachbarstadt Werdau von der Cholera nur flüchtig berührt worden ist, oder ob andere noch unbekannte Ursachen dies veranlasst haben, wage ich nicht zu bestimmen; dass aber die prophylaktische Desinfection nicht ohne Nutzen gewesen sei, lässt sich aus einem andern Beispiel schliessen, nämlich aus der in Zwickau befindlichen Strafanstalt.

Die Strafanstalt liegt, wie aus dem Plane von Zwickau*) ersichtlich, am Ende der Neugasse, derjenigen Gasse also, in welcher die meisten Cholerafälle vorkamen.

Der Untergrund des in der Verlängerungslinie der Neugasse liegenden Zellengefängnisses besteht innerhalb der ehemaligen Stadtmauer bis zu 4, resp. 4½ Ellen Tiefe aus aufgefülltem Boden, dann folgt ½ — 1 Elle feiner lehmiger Sand und dann Kies 3 — 5 Ellen stark. Ausserhalb der Stadtmauer hat man vom Hofraum bis zur sogenannten Muldenschicht 8—9 Ellen, und ist dies grösstentheils aufgefüllter Boden. Bei 4½ Ellen Tiefe stösst man auf die erste Schicht Wasser, das sogenannte Tagwasser, 2—3 Ellen tiefer auf das Muldenschichtwasser. In dem Brunnen der Strafanstalt ist der Wasserspiegel von der Oberfläche durchschnittlich entfernt:

im Hauptgebäude A. (Schloss) 6 Ellen 22 Zoll, Wasserstand 2 Ellen
„ Gebäude B. 4 Ellen 13 Zoll, Wasserstand 2 Ellen — Zoll
„ Isolirhaus C. 3 „ 19 „ „ 1 „ 20 „

Im Frühjahr 1865 war der Wasserstand einige Tage hindurch ungewöhnlich hoch, im übrigen Theile des Jahres normal.

Durch das Anstaltsgrundstück hindurch führt das Schnittgerinne, welches die Abfälle der Haushaltungen auf der Neugasse aufnimmt, und in einen längs des Anstaltsgrundstückes hinführenden Abzugsgraben einmündet.

---

*) Vgl. Atlas Taf. IV.

Im letzten Vierteljahre des Jahres 1865 waren im ganzen in der Anstalt detinirt 1026 Mann, davon im Zellengefängnisse 186 Mann.

Der Gesundheitszustand war in den letzten drei Monaten des Jahres 1865 ein durchaus günstiger:

im Monat October fanden 20 Einbettungen

„ „ November „ 18 „

„ „ December „ 17 „

statt, der durchschnittliche Krankenbestand war:

im Monat October 10 Mann

„ „ November 9 „

„ „ December 7 „

Verstorben sind:

im Monat October 1 Mann (Knochenfrass)

„ „ November 1 „ (Lungentuberculose).

„ „ December — „

Bedenkt man die Lage der Strafanstalt am Ende der inficirten Neugasse, die grosse individuelle Disposition, die Inhaftirte für Erkrankung an Cholera zu zeigen pflegen, ferner den Umstand, dass ein Verkehr zwischen Bewohnern der Strafanstalt und inficirten Orten bestand, indem der Anstaltsarzt Dr. Saxe aus wissenschaftlichem Interesse mehrmals die Cholerakranken in Werdau besuchte, so werden wir zur Annahme gedrängt, dass hier Verhältnisse gewaltet haben müssen, die eine Infection der Bewohner erschwerten oder unmöglich machten; und wir müssen diese Verhältnisse in der sorgfältig und gründlich ausgeführten Desinfection der Anstalt suchen, die übrigens nicht erst, wie Pettenkofer, a. a. O., S. 127 sagt, von dem Eintritt der ersten Erkrankung in Marienthal an stattfand, sondern schon von Anfang des Jahres 1865 an im Allgemeinen, in verschärfter Weise aber vom 25. October an ausgeführt ward. Diese Desinfection ward in der Weise unternommen, dass in der Zeit vom 1. Januar bis 24. October in 54 Aborte täglich 1 mal feingesiebte Steinkohlenasche und 1 mal aufgelöstes Eisenvitriol (2 Pfund auf 5 Kannen Wasser) eingeschüttet wurden: ingleichen wurden sämmtliche Urinschloten, Closets und Nachtkübel durch Eisenvitriollösung täglich desinficirt und 2 Düngerstätten (in unmittelbarer Nähe der Anstalt gelegen) regelmässig täglich mit feingesiebter Steinkohlenasche bedeckt.

Vom 25. October an hat die Desinfection der Aborte durch

Einschütten von Steinkohlenasche in die Abtrittsschloten 1 mal täglich und von Eisenvitriollösung in die Abtrittsschloten 2—3 mal täglich stattgefunden, bei Urinschloten und Closets u. s. w. wie oben. Bei den 2 Düngerstätten erfolgte neben täglicher Bedeckung mit Steinkohlenasche tägliches Uebergiessen mit Eisenvitriollösung und 2 durch das Anstaltsareal führende Schleusen wurden ebenfalls durch reichliches Eingiessen von Eisenvitriollösung desinficirt. In den dichtbelegten Schlafräumen wurden am Tage Näpfe mit Chlorkalk aufgesetzt, in den Arbeitsräumen während der Nacht, in den Abtritten Tag und Nacht.

Ausserdem hat man im Monat December die Abtrittsschloten durch Verbrennen von Schwefel desinficirt.

Verwendet wurden:

4123 Pfund Eisenvitriol à	7 Pf.	=	96 Thlr.	6 Ngr.	1 Pf.
220 „ Chlorkalk à 21 „	=	15 „	12 „	— „
5 „ Schwefel	— „	9 „	— „

Sa. 111 Thlr. 27 Ngr. 1 Pf.

Obiges Quantum der Desinfectionsmittel vertheilt sich auf die einzelnen Monate wie folgt:

Eisenvitriol auf 10 Monate 3118 Pfund = 72 Thlr. 22 Ngr. 6 Pf.

„ „ 2 „
(November und December) 1005 „ = 23 „ 13 „ 5 „

Chlorkalk auf 10 Monate 5 „ = — „ 10 „ 5 „

„ „ 2 „
(November und December) 215 „ = 15 „ 1 „ 5 „

Schwefel auf 2 Monate 5 „ = — „ 9 „ — „

Sa. 111 Thlr. 27 Ngr. 1 Pf.

Die Kosten betrugen somit auf die Zeit vom Januar bis October pro Tag circa — Thlr. 7 Ngr. 2 Pf. November u. December „ „ „ — „ 19 „ — „*)

Wie viel Desinfectionsmittel an andern Orten verbraucht, und welcher Kostenaufwand dadurch verursacht worden, hat sich nicht mit Bestimmtheit ermitteln lassen.

Die Weiterverbreitung der einmal ausgebrochenen Krankheit suchte man namentlich dadurch zu verhüten, dass man sich bemühte, die Dejectionen der Cholerakranken unschädlich zu

---

*) Vorstehende Angaben verdanke ich der Güte des Directors der Strafanstalt Herrn Regierungsrath u. s. w. D'Alinge.

machen: zu dem Behufe ward die beschmuzte Wäsche sofort in Wasser eingeweicht, welchem Chlorkalk zugesetzt war: in dem Altenburger Siechhause, in welchem die dortigen Cholerakranken verpflegt wurden, wurde die Wäsche hierauf in siedendes Wasser gethan, mehrere Tage dann in einen Röhrkasten mit durchlaufendem Wasser gelegt und nachher erst gewaschen. Strohsäcke wurden ebenso behandelt: in den zur Aufnahme der Dejectionen bestimmten Gefässen befanden sich stets Desinfectionsmittel, in den meisten Krankenhäusern Eisenvitriollösung, in dem zu Glauchau das Müller-Schür'sche Pulver, bestehend aus:

$$100 \text{ Theilen gemahlenen Aetzkalkes,}$$
$$20 \text{ „ trockenen Holzkohlenpulvers}$$
$$10 \text{ „ trockener Sägespäne}$$
$$\tfrac{1}{15} \text{ „ roher Carbolsäure.*)}$$

In Altenburg wurden die Auswurfstoffe und das Stroh in eine ausserhalb des Gehöftes gelegene, dichtgemauerte und verdeckte Düngergrube gebracht, in welcher sich eine Pumpe zum Entfernen der Flüssigkeit befand: auch diese Grube ward fortwährend desinficirt. Den Krankenhäusern in den übrigen epidemisch ergriffenen Orten standen solche besondere Gruben nicht zur Verfügung, und ward daher die gewöhnliche Düngergrube benutzt, diese aber fleissig desinficirt. Die besudelten Stellen der Dielen wurden mit Chlorkalk gescheuert, ausserdem die Luft in den Krankenzimmern durch fleissiges Oeffnen der Fenster erneuert.

In Werdau ward in der letzten Zeit der Epidemie auf den Vorschlag des Dr. Clemens in Frankfurt („Deutsche Klinik", Nr. 44, 1865) die Chlorkupferlampe angewendet, die sich in der That als ein sehr bequemes Mittel erwies, bewohnte Räume in nicht lästiger Weise binnen kurzem mit Chlordämpfen zu imprägniren. Die Vorschrift des Dr. Clemens lautet:

„Eine gewöhnliche gläserne Spirituslampe mit einem Baumwollendocht wird gefüllt mit einer Mischung aus Liq. Cupri perchlorat. concentr. ʒjj. Chlorof ʒj. Spir. Vini ʒvj, und der Docht angezündet. Sofort entwickeln sich Chlorkupferdämpfe, welche ein Zimmer von 16 Fuss Quadrat und 20 Fuss Höhe in 5 Minuten

---

*) Da sich das Pulver in dieser Zusammensetzung leicht entzündet, namentlich wenn es feucht geworden, oder von Haus aus feuchte Sägespäne dazu genommen worden, so scheint es gerathen, statt des gemahlnen Aetzkalks gelöschten Kalk zu nehmen.

so anfüllen, dass alle darin befindlichen Stoffe mit imprägnirt werden und es lange Zeit bleiben. Stellt man solche Lampen in die Gänge und Treppenhäuser, die Leichenräume und Höfe der Hospitäler und Lazarethe, so kann sich kein Miasma bilden. Ebenso lässt man solche Lampen täglich dreimal 5—8 Minuten in dem Krankensaale brennen." Räume, die von ihren Bewohnern verlassen waren, wurden durch Uebergiessen von Chlorkalk mit Schwefelsäure desinficirt.

Alle diese in den Krankenhäusern angewandten Massregeln wurden zwar in den Privatwohnungen dringend anempfohlen, man musste sich jedoch alle Tage von neuem überzeugen, dass die Ausführung derselben hier eine äusserst mangelhafte war, und dies war der Grund, weshalb von. manchen Seiten die Ansicht aufgestellt wurde, die Behörde habe nicht nur das Recht, sondern sogar die Verpflichtung, einen jeden an der Cholera Erkrankten, auch wider seinen eigenen Willen und wider den Willen der Umgebung, in das Krankenhaus transportiren zu lassen, weil ein an der Cholera Erkrankter als ein allgemein gefährliches Subject in ähnlicher Weise wie ein zurechnungsunfähiger Geisteskranker zu betrachten sei.

Nach meinem Dafürhalten ist jedoch diese Auffassung keine richtige: denn einmal würde man ungerecht verfahren, wenn man nur die Kranken mit exquisiten Krankheitserscheinungen in das Krankenhans schaffen wollte, da bekanntermassen auch Kranke mit anscheinend gutartiger Diarrhöe zur Zeit einer Choleraepidemie die Ursache zur Infection anderer abgeben können*), das andere mal

---

*) Ein eclatantes Beispiel hiervon habe ich erst in diesem Monat erlebt: Am 8. Juli traf in Glauchau bei einer auf der Kupfergasse Nr. 300 (Vgl. den Plan von Glauchau, Atlas Taf. VI) wohnhaften Familie ein Verwandter derselben aus Stettin ein, der an starken Durchfällen litt, aber am Morgen des 9. weiter reiste und bis jetzt dem Vernehmen nach keinen Choleraanfall bekommen hat. Zwei Angehörige wuschen die von ihm beschmuzte Wäsche: die eine, eine Frau von 65 Jahren, erkrankte am 13. Juli nachmittags an Brechdurchfall, gegen Abend stellten sich Wadenkrämpfe ein. Nachts 1/2 11 Uhr liess das Brechen nach, der Durchfall dauerte jedoch fort und unter Lähmungserscheinungen erfolgte der Tod am 14. Juli früh 7 Uhr. Die andere Frau bekam einen leichten Anfall. Deren Mann aber, der Sohn der zuerst Genannten, erkrankte gleichfalls am 13. nachmittags 5½ Uhr an Erbrechen; nachts 4 Uhr traten Reiswasserstühle ein, den 14. früh 7 Uhr hörte der Brechdurchfall auf, es traten aber Kälte, Cyanose und Collaps ein, und der Tod erfolgte nachmittags 1½ Uhr.

erreicht man durch einen zu weit ausgedehnten und zu allgemeinen
Zwang nur ein grösseres Streben nach möglichst langer Ver-
heimlichung der Krankheit, und verringert durch den daraus er-
wachsenden Zeitverlust die Aussicht auf einen glücklichen Ausgang.
Dass diejenigen Personen, denen es an genügender Pflege und
Wartung in ihren Wohnungen fehlt, in das Krankenhaus geschafft
werden müssen, unterliegt keinem Zweifel: bei den übrigen aber
dürfte es sich empfehlen, nicht über die dringliche Mahnung
hinauszugehen, im Falle diese aber kein Gehör findet, für möglichst
genaue Ausführung der gegebenen Anordnungen zu sorgen, und
bei der Behörde dahin zu wirken, dass eine Controle insbesondere
darüber stattfinde, ob die Düngstätten in den befallenen Häusern
täglich mehrmals desinficirt werden, wo diese Controle aber, wie
in geschlossenen Gruben, nicht ausführbar, seitens der Behörde
die Desinfection vornehmen zu lassen.

Die Frage, ob man zur Unterbringung Cholerakranker die
vorhandenen Krankenhäuser benutzen könne, oder besondere er-
richten müsse, wird nach Lage der Verhältnisse verschieden zu
beantworten sein. In Altenburg wurden die Cholerakranken im
Parterre des Landessiechenhauses untergebracht, ohne dass unter
den circa 100 in den zwei obern Etagen des Hauses befindlichen
Kranken eine Erkrankung an Cholera vorkam.

In Werdau brachte man die ersten Cholerakranken in das
städtische Krankenhaus, welches zuvor von den übrigen Kranken
geräumt worden war: ein darin zurückgebliebener Kranker mit
einem Bruche des Oberschenkels bekam kurz nach der Belegung
des Hauses mit Cholerakranken einen Anfall, der aber mit Genesung
endete. Auf der Höhe der Epidemie reichten die Räume des
städtischen Krankenhauses, welches nur 30 Betten fasst, nicht
mehr zur Aufnahme der Erkrankten aus, und es ward daher in
der Bürgerschule ein zweites Krankenhaus eingerichtet: jedoch ausschliesslich zur Aufnahme leichter oder nur verdächtiger Fälle
bestimmt. In diesem Verpfleghause wurden in der Zeit vom 9. November bis zum 15. December 383 Kranke aufgenommen: von
diesen wurden 362 = 94,5 % als genesen entlassen, 17 = 4,4 %

Choleraähnliche Erkrankungen waren in Glauchau in diesem Jahre bis
dahin nicht vorgekommen, bis Ende Juli nur bei einigen Soldaten eines durch-
marschirenden pommerschen Regiments, in welchem auch schon vorher
Cholerafälle vorgekommen.

in das Choleraspital, $4 = 1{,}_0 \%$ in das für nicht Cholerakranke bestimmte Krankenhaus abgegeben. Manche von diesen Kranken mögen nur an Choleraphobie gelitten, manche nur der guten Kost wegen Unwohlsein vorgeschützt haben, ein grosser Theil der Kranken war aber schon um deswillen verdächtig, weil sie in Häusern wohnten, in denen ernste Choleraerkrankungen vorgekommen waren. Sowie also die Zahl der Choleraerkrankungen eine so grosse wird, dass für dieselben in einem Spital nicht Raum genug ist, empfiehlt sich die Einrichtung, ein Spital für die schweren, eins für die leichten oder nur verdächtigen Fälle zu bestimmen, und die in letzterm etwa schwerer Erkrankenden nach dem erstern zu transportiren; gleich von vornherein aber ist zu einer derartigen Massregel nicht zu rathen, weil die grosse Zahl von Todesfällen, die namentlich im Beginn der Epidemie in dem für schwere Fälle bestimmten Krankenhause vorkommt, auf die Hineinzuschaffenden einen so deprimirenden moralischen Eindruck macht, dass dadurch der Widerstand gegen die Einlieferung vermehrt, die Aussicht auf Genesung aber verringert wird. Diese Erfahrung ward in Glauchau gemacht, wo man anfangs das neue Armenhaus zum Choleraspital eingerichtet und einige verdächtige Fälle in dem gewöhnlichen Krankenhause untergebracht hatte. Als jedoch wenige Tage danach ein schon vorher im Krankenhause befindlicher Kranker einen schweren Anfall bekam, legte man auch die leichten und nur verdächtigen Fälle in das Choleraspital, und wenn sich auch die Abneigung gegen Unterbringung im Krankenhause nicht völlig verlor, so verringerte sie sich doch von der Zeit an, dass Genesungen darin vorkamen.

In Zwickau war noch ehe ein Cholerafall in der Stadt oder deren nächster Umgebung vorgekommen war, das Stadtkrankenhaus geräumt und zur Aufnahme Cholerakranker eingerichtet worden; in Elsterberg musste man in Ermangelung anderer geeigneter Localitäten die neue Schule dazu einrichten.

Eine weitere, in sämmtlichen epidemisch ergriffenen Orten zur Anwendung gebrachte Schutzmassregel bestand darin, dass man wo es sich nur immer thun liess, die Bewohner eines inficirten Hauses zeitweilig in einer anderen Wohnung unterbrachte, sie hier unter ärztlicher Aufsicht hielt, sich von ihrem Gesundheitszustand täglich unterrichtete, und inzwischen die inficirte Wohnung durch Chlorräucherungen, Waschung der Dielen mit Chlorkalk, und frisches Weissen der Wände desinficirte.

In Altenburg, Glauchau und Zwickau reichten die vorhandenen ärztlichen Kräfte aus, während in Werdau die Unterstützung von noch drei Aerzten, in Elsterberg von noch einem erbeten werden musste, und auch sofort auf Kosten der Stadt beziehentlich des Staates gewährt wurde. Visitationen von Haus zu Haus sind in Zwickau in den letzten drei Wochen des December in den zwei Gassen, Neue Gasse und Leipziger Vorstadt vorgenommen worden, sind jedoch offenbar nur so lange ausführbar, als die Krankheit auf einzelne engbegrenzte Strassen oder Stadttheile sich beschränkt. Suppenanstalten sind in Zwickau, Glauchau, Elsterberg und Werdau eingerichtet gewesen, und haben in den drei letztgenannten Orten, namentlich aber in Werdau, wo die Portionen meist unentgeltlich verabreicht wurden, starke Benutzung gefunden. In Werdau waren während der Dauer der Epidemie drei Suppenanstalten errichtet, eine im Verpflegungshause, eine in einem Privathause am Markte, eine im Rathhause. Der Stadt erwuchs daraus ein Kostenaufwand von 2670 Thaler 9 Neugroschen 1 Pfennig. In der erstgenannten Anstalt sind 22000 Portionen, in der zweiten, die nicht lange bestand, 2500 und in der dritten 5300 Portionen verausgabt worden. In den Fällen, wo überhaupt bezahlt wurde, kostete eine Kanne Gemüse mit Fleisch 1 Neugroschen 5 Pfennige, eine Kanne Gemüse ohne Fleisch 1 Neugroschen, eine halbe Kanne Gemüse 5 Pfennige. Ausserdem wurde angeordnet, dass die Choleraleichen möglichst rasch in die Leichenhalle geschafft wurden, und wenn durch ärztliches Zeugniss der Tod constatirt, die Beerdigung, die in der Stille zu erfolgen hatte, noch vor Ablauf von 72 Stunden gestattet sein solle. Kindern aus Häusern, in welchen Cholerakranke lagen, war der Besuch öffentlicher Schulen nicht gestattet; an den epidemisch ergriffenen Orten wurden keine Jahrmärkte abgehalten.

Schlusssätze.

Als die wichtigsten Ergebnisse der in Vorstehendem über das vorjährige Auftreten der indischen Cholera in Sachsen zusammengestellten Wahrnehmungen und Erörterungen möchte ich folgende bezeichnen:

1) Die Cholera ist nach Altenburg aus Odessa eingeschleppt worden.

2) Bei der Mehrzahl der Orte, in welchen Cholerafälle vorkamen,

war ein Verkehr zwischen dem ersten Falle und inficirten Personen oder Orten nachzuweisen.

3) Der Untergrund sämmtlicher Orte, in welchen die Cholera eine epidemische Verbreitung erlangte, war von der Beschaffenheit, die Pettenkofer für das Zustandekommen einer epidemischen Ausbreitung für unerlässlich erachtet. (Vgl. Pettenkofer, a. a. O., S. 80.)

4) Die Farr'sche Formel hatte in keinem der epidemisch ergriffenen Orte Gültigkeit.

5) Das Trinkwasser war ohne allen Einfluss auf die Verbreitung der Cholera.

6) Auf die Mehrzahl der befallenen Häuser kam mehr als je ein Todesfall.

7) Zwischen dem ersten und letzten in einem Hause vorgekommenen Todesfalle lagen in der Mehrzahl der Fälle nicht mehr als 14 Tage inne.

8) Der Tod erfolgte in der grossen Hälfte der Fälle vor Ablauf von 24 Stunden.

9) In den mit Genesung endenden Fällen trat im Durchschnitt nach 14 Tagen die Arbeitsfähigkeit wieder ein.

10) Am meisten gefährdet waren alte Leute von 70—80 Jahren, kleine Kinder unter 2 Jahren, Säufer und, die Berufsart anlangend, Leichenwäscherinnen.

11) Auch in den epidemisch ergriffenen Orten gingen keine Wechselfieber der Cholera voraus.

12) Prämonitorische Diarrhöe war meist vorhanden.

13) Choleratyphoid trat etwa bei einem Drittheile der Fälle ein.

14) Gegen die Diarrhöe haben sich am meisten die Opiate, gegen das Erbrechen Eispillen und subcutane Morphiuminjectionen, gegen den Collaps Kampher bewährt.

15) Zur Desinfection bewohnter Räume scheint sich die Chlorkupferlampe gut zu eignen, weshalb zu wünschen ist, dass weitere Versuche mit derselben angestellt werden.

16) Die allgemeine, durch die Behörde selbst täglich ausgeführte Desinfection sämmtlicher Aborte scheint die locale Disposition für die Cholera, und wo letztere schon ausgebrochen, die In- und Extensität derselben zu verringern.

Anhang I.

Krankenhaus in Altenburg.

Sectionsbefund.

Selma Kratsch, 6 Jahre, aus Rasephas.

Aufnahme: 26. September 1865 früh ½ 9 Uhr: erkrankt eodem früh 4 Uhr. Gestorben: 26. September 1865, abends 11 Uhr. Section 27 h. p. m. Körper sehr abgemagert, Hautfarbe grau, Leichenstarre vollständig, Temperatur der Leiche sehr niedere. Gesichtsausdruck schmerzlich. Augenlidspalten halb offen, mit blauen Ringen umgeben, Bulbi in die Höhlen zurückgefallen und collabirt, Cornea trübe, Nasenspitze sehr markirt, Mund halb offen, Lippensaum blau, vertrocknet. Hände und Füsse cyanotisch gefärbt; Nägel an Händen und Füssen dunkelblau. Am Körper keine Spuren von Exanthem, nirgends Leichenflecken. Brust: Lungen contrahirt, frei, anämisch; Bronchialschleimhaut blass, wenig feucht. Bronchialdrüsen nicht geschwellt. Pleurahöhlen leer, die Flächen derselben mässig feucht. Pericardium trocken; aussen mit der Lungenpleura, innen mit dem Herz leicht verklebt. — Herz hypertrophisch (central). Linkes Herz leer, Aorta mit schwarzen theerähnlichen Cruormassen gefüllt. Rechtes Herz enthält neben Cruormassen Fibringerinnsel. Herzfleisch fest, lebhaft gefärbt. Lungenvenen mit schwarzem Blut gefüllt, ebenso die v. v. cavae, anonym., azygos u. s. w.

Bauch: Mässig ausgedehnter Magen, mit reiswasserähnlicher, flockiger, sauer riechender Flüssigkeit. Dünndarm äusserlich rosenroth gefärbt, ist stellenweise zusammengezogen, übrigens mässig ausgedehnt, schwappend; enthält dieselbe Masse wie der Magen.

Mesenterialvenen und ihre Wurzeln auf dem Darmrohre strotzend gefüllt. Die Chylusgefässe sind nicht sichtbar. An verschiedenen Stellen des Dünndarms scheinen die Peyer'schen Haufen in derselben Weise durch, wie bei Typhus enter. Dieselben sind markig infiltrirt, aber nicht verschorft, die Ränder hyperämisch und geschwellt. Die Solitärfollikal treten als stecknadelkopfgrosse weisse Knötchen über der Schleimhaut hervor. Letztere zeigt die Charaktere des Katarrhs. Nirgends gallige Färbung der Darmschleimhaut. Mesenterialdrüsen nicht geschwellt. Leber und Milz zeigen keine Veränderungen. Nieren normal aussehend, Harnblase vollkommen leer.

Krankenhaus in Werdau.

Sectionsbefund der Pauline Lippmann, 16 Jahre alt. Erkrankt den 18. November. Gestorben den 18. November. Section 23 Stunden p. m. Weiblicher Leichnam. Ziemlich klein, mässig ernährt, mit ausgebreiteten blassen Todtenflecken. Todtenstarre sehr stark ausgebildet. Unterhautzellgewebe: ziemlich fettreich. Muskulatur leidlich entwickelt, rothbraun, sehr trocken. Mammae schwach entwickelt. Schädeldecke dünn, ziemlich porös, leicht. Dura stark injicirt. Harten Hirnhäute gleichfalls stark injicirt. Hirnsubstanz ziemlich zähe, trocken, schwer von den Häuten lösbar, ziemlich blutreich. Ventrikel enthalten einige Tropfen blutigen Serums. Centralganglien und Kleinhirn von derselben Beschaffenheit. Schilddrüse klein, normal. Speiseröhre blass. Kehlkopf- und Luftröhrenschleimhaut blass mit etwas blutigem Schleim. Rechte Pleurahöhle leer. Linke Pleura verwachsen. Lungen lufthaltig, emphysematös gedunsen, mässig blutreich. Herz klein, fettarm, ziemlich fest contrahirt, wenig dickes schleimiges Blut enthaltend. Muskulatur derb. Endocardium und Klappen normal. Bauchhöhle leer. Leberoberfläche glatt, blutreich. Substanz rothbraun von normaler Beschaffenheit. Gallenblase enthält ansehnliche Mengen ziemlich dünnflüssig grünbrauner Galle. Milz schmal, etwas lang. Gewebe blutreich, ziemlich weich. Niere normal gross. Oberfläche glatt, Kapsel glatt, lösbar. Substanz mässig blutreich, Pyramide von der Nierensubstanz deutlich abgesetzt. Uterus normal gross, derb, blasse Schleimhaut der Höhle gelockert. Ovarien etwas gross, normal, tunica albuginea stark verdickt. Harnblase klein, contrahirt, Schleimhaut blass; enthält wenige Tropfen Urin. Magen enthält eine grosse Menge gräuliche mit Brocken vermischte Flüssigkeit, Schleimhaut stark mammelonirt, ganz leicht injicirt. Dünndarm: Aussenfläche durch Injection rosenroth gefärbt, enthält grössere Mengen grauen Schleims. Schleimhaut stellenweise ziemlich stark injicirt. Follikel stark geschwellt. Dickdarm enthält eine grosse Menge schaumigen, gelblichweissen Serums. In den grossen Gefässen äusserst wenig dickflüssiges rothbraunes Blut.

Krankenhaus in Werdau.

Sectionsbefund des Rascher, 15 Jahre alt.

Erkrankt den 27. November. Gestorben den 28. November. Section 19 Stunden p. m. Männlicher Leichnam, mässig gross, zart gebaut, dürftig ernährt, schwach angedeutete Todtenflecken. Todtenstarre ziemlich stark. Unterhautzellgewebe fettarm. Muskulatur mässig entwickelt, braunroth, ziemlich trocken. Schädeldecke normal dick, porös, leicht, ziemlich blutreich. Dura mater ziemlich gespannt, stark injicirt. Venenhäute ebenso. Gehirnsubstanz ziemlich blutreich, wässerig glänzend, ziemlich zähe, glatt von den Häuten lösbar. Ventrikel leer. Centralganglien in Kleinhirn, ebenso wie Basilartheile normal. Hals: Schilddrüse normal gross, blass, feucht, normal, Speiseröhre: blass. Kehlkopf- und Luftröhrenschleimhaut ebenso, mit wenig Schleim belegt. Brusthöhle leer. Rechte Lunge zum Theil verwachsen. Lungen: Oberfläche glatt. Beide Lungen durchaus lufthaltig, ziemlich blutarm, sonst normal. Herz normal gross: Herzbeutel leer, Pericardium glatt, wenig Fettauflagerung, Herz ziemlich fest contrahirt. Herzfleisch hellbraunroth. Höhlen enthalten ziemlich reichliche Menge schmieriges dunkles Blut und wenig Fibringerinsel. Endocardium und Klappen durchaus zart. Bauch: Höhle leer. Leber normal gross, Oberfläche glatt, Substanz braunroth, sehr blutreich, normal. Gallenblase: enthält eine reichliche Menge dunkelbraun-grünbrauner zäher Galle. Milz normal gross, Kapsel glatt, blutarm. Substanz ziemlich zähe. Nieren: ziemlich klein, blass, schlaff. Oberfläche glatt. Kapsel glatt lösbar. Pyramiden von der Corticalsubstanz scharf abgegrenzt. Harnblase fest, contrahirt, enthält keinen Urin. Schleimhaut blass.

Magen: enthält wenig graugelbe Flüssigkeit. Schleimhaut hell-röthlichgelb, mässig mammelonirt, am Fundus zart injicirt. Dünn-darm in seinem serösen Ueberzug stellenweise ziemlich stark in-jicirt, namentlich in den untern Partien des Ileum, enthält mässige Mengen blassgelblichen Schleimes. Schleimhaut ziemlich stark in-jicirt. Solitäre Follikel und einige Plaques leicht geschwellt. Dickdarm enthält reichliche Mengen dünnen graugrünen Schleimes. Schleimhaut nur stellenweise schwach injicirt, die solitären Follikel stark geschwellt. Mesenterialdrüsen mässig geschwellt. Grosse Gefässe enthalten wenig dickes schmieriges Blut.

Krankenhaus in Werdau.

Kober, Benjamin. Arbeiter, 40 Jahre alt. Erkrankt den 18. October. Gestorben den 20. October. Männlicher Leichnam: Ziemlich gross, leidlich genährt, wenig blasse Todtenflecken. Todtenstarre sehr entwickelt. Unterhautzell-gewebe fettarm, Muskulatur ziemlich gut entwickelt, braunroth, trocken. Schädel. Decke dick, ziemlich compact, Dura ziemlich in-jicirt mit pachymeningitischen Auflagerungen. Unter der Arachnoidea Ansammlung einer ca. ℥j betragenden serösen Flüssigkeit. Hirn-windungen stark hervorragend. Hirnsubstanz ziemlich zähe, sehr blutreich, ödematös durchfeuchtet, glatt von den Häuten lösbar. 'Ventrikel mit wenig blutigem Serum angefüllt; Centralganglien und Kleinhirn blutreich, sonst normal. Hals. Schilddrüse klein, von normaler Beschaffenheit. Kehlkopf stark verknöchert. Schleim-haut wenig injicirt, etwas ödematös, Luftröhre nach unten etwas injicirt, Speiseröhre blass. Brust: Lungen zum grossen Theil, namentlich rechterseits mit der Pleura verwachsen, emphysematös, gedunsen, durchaus lufthaltig, Schnittfläche braunroth, mit her-vorquellendem dickem Blut bei Druck. Herzbeutel leer. Herz etwas gross, namentlich der rechte Ventrikel etwas dilatirt und schlaff. Oberfläche feucht, glatt, Visceralblatt nicht getrübt, wenig Fettauflagerung. Muskulatur braunroth, trocken. Ventrikel sparsame Blut- und Fibringerinnsel enthaltend. Endocardium glatt. ohne Injection, Klappen durchgängig zart. Bauch: Höhle leer, Peritonealüberzug schmierig anzufühlen. Leber normal gross, Ober-fläche glatt, Substanz dunkelrothbraun, ziemlich blutreich. Gallenblase enthält eine ziemliche Menge dunkelbraungrüner dünnflüssiger Galle. Milz $2\frac{1}{2}$ Zoll lang und $1\frac{1}{2}$ Zoll breit, Kapsel getrübt, etwas runzlich, Substanz dunkel rothbraun, ziemlich fest. Nieren ziemlich gross, blutreich, Kapsel glatt lösbar, Oberfläche glatt, Substanz derb. Pyramiden von der Corticalsubstanz scharf abgesetzt. Harnblase klein, fest contrahirt, Schleimhaut blass, wenige Tropfen Urin enthaltend. Magen ziemlich contrahirt, enthält wenig zähe gelbe Schleimmassen, Schleimhaut ziemlich mammelonirt, stellenweise kleine blutige Imbitionen. Dünndarm mässig ausgedehnt, enthält eine ziemliche Menge grauweisser trüber Flüssigkeit. Schleimhaut injicirt mit fest anliegenden Schleimflocken, Follikel nicht geschwellt. Dickdarm enthält die gleichen Massen wie der Dünndarm, Schleimhaut sehr blass, in der Nähe der Bauhini'schen Klappe eine thalergrosse blutig imbibirte Stelle. Das Blut in den Venen dickflüssig, dunkel braunroth, schmierig.

Krankenhaus in Werdau.

Sectionsbefund der dreiundvierzigjährigen Böhler.

Erkrankt den 24. November. Gestorben den 29. November. Section $7\frac{1}{2}$ Stunden p. m. Weiblicher Leichnam, ziemlich gross, gut ernährt mit ausgebreiteten schwachen Todtenflecken. Todtenstarre ziemlich stark entwickelt. Unterhautzellgewebe ziemlich fettreich. Muskulatur ziemlich gut entwickelt, hellrothbraun, leidlich feucht Schädel: Decke ziemlich dünn, porös, leicht. Dura mässig blutig. Zarte Hirnhäute nur mässig injicirt. Hirnsubstanz ziemlich blutreich, zähe, glatt von den Häuten lösbar. Ventrikel enthalten mässige Mengen blutigen Serums. Centralganglien und Kleinhirn normal. Basilartheile ebenso. Hals: Schilddrüse klein, blass, ziemlich derb, mit einzelnen kleinen Cysten. Speiseröhrenschleimhaut ziemlich blass. Kehlkopf und Luftröhrenschleimhaut ziemlich blass, enthält reichliche Mengen gelbweissen dickflüssigen Schleimes. Brusthöhlen leer. Lungen emphysematös gedunsen, frei. Die rechte Lunge auf ihrer hintern Oberfläche mit einem schwach pleuritischen Beleg. Im übrigen Oberfläche glatt. Substanz ziemlich blutreich, durchaus lufthaltig, etwas emphysematös. Aus den Bronchien zähen hellgelben schaumigen Schleim entleerend. Herzbeutel enthält wenig Tropfen Serum. Herz ziemlich gross, Oberfläche glatt, an der

Spitze eine sehnige Trübung, mässig fettreich. Muskulatur ziemlich stark, rothbraun. Höhlen enthalten geringe Mengen dickflüssigen kirschrothen Blutes und wenige Fibringerinnsel. Mitralklappe ziemlich stark geschrumpft, Sehnenfäden sehr verkürzt. Im übrigen Klappen und Endocardium normal. Bauchhöhle leer. Leber normal gross, Oberfläche glatt, Kapsel sehnig verdickt; an den Stellen, wo die Kapsel ziemlich stark verdickt ist, stellenweise eine gelbliche Färbuug der Lebersubstanz mit grosser Resistenz, im übrigen Substanz rothbraun, schwach marmorirt. Gallenblase ziemlich verdickt, enthält eine dünnflüssige ziemlich gelbe Galle und eine Anzahl reichlich haselnuss bis halberbsen grosse harte rundliche Steine. Milz normal gross, Kapsel getrübt, schlaff. Substanz ziemlich mürbe, wenig blutreich, hellbraunroth, an der Oberfläche ein erbsengrosser in der Mitte erweichter hellgelblicher Infarct. Nieren: beide beweglich, ziemlich gross, namentlich die linke Niere. Oberfläche glatt, Kapsel schwer lösbar. Substanz wenig blutreich, Pyramiden von der Corticalsubstanz nicht scharf abgegrenzt, Schnittfläche granulirt. Linke Niere etwas blutreich. Harnblase enthält wenige Tropfen Urin, Schleimhaut blass. Magen enthält wenig dicken braungelben zähen Schleim. Schleimhaut stellenweise etwas injicirt. Dünndarm ziemlich blass, enthält ziemlich reichliche Mengen gelbbraun schleimiger Masse. Schleimhaut nur mässig injicirt mit vereinzelten Follicularschwellungen. Dickdarm enthält dünn schleimige gelbbraune Massen. Schleimhaut blass, stellenweise imbibirt. Mesenterialdrüsen nicht geschwellt. Blut in den Venen kirschroth, ziemlich dünnflüssig.

Anhang II.

Bericht des Regierungsrathes Professor Dr. Stein in Dresden über chemische Untersuchung von acht Brunnenwässern aus Werdau.

In Folge des mir gewordenen Auftrages und nachdem Herr Dr. Rietschel von 8 Brunnen aus Werdau Wasserproben eingesendet hatte, habe ich dieselben mikroskopisch und chemisch untersucht und beehre mich, dem Hohen Ministerium die Resultate der Untersuchung hiermit vorzulegen.

Die Wasserproben waren mit Nr. 1 bis 8 bezeichnet und von Dr. Rietschel die bei der Füllung beobachteten Temperaturen, wie folgt, angegeben:

$$
\begin{array}{lll}
\text{für Nr.} & 1. & 7\tfrac{1}{2}\,^0 \text{ R.} \\
\text{„} & 2. & 8\tfrac{1}{2}\,^0 \text{ „} \\
\text{„} & 3. & 7\tfrac{1}{3}\,^0 \text{ „} \\
\text{„} & 4. & 7\tfrac{2}{3}\,^0 \text{ „} \\
\text{„} & 5. & 7\tfrac{1}{2}\,^0 \text{ „} \\
\text{„} & 6. & 6\,^0 \text{ „} \\
\text{„} & 7. & 7\,^0 \text{ „} \\
\text{„} & 8. & 7\tfrac{1}{2}\,^0 \text{ „}
\end{array}
$$

In dem Wasser von Nr. 1, 2, 3, 6, 7, 8 schwammen kleine Flocken, während das Wasser selbst klar war. Das Wasser von Nr. 4 und 5 dagegen war opalisirend. Nach 12stündigem Stehen zeigten sich in dem Wasser von Nr. 3, 7, 8 reichliche Luftblasen, in dem von Nr. 1, 5 und 6 nur Andeutungen von Luftentwickelung; in den übrigen war eine solche gar nicht zu bemerken.

Die Absätze, welche sich durch Stehen des Wassers gebildet hatten und in den meisten Fällen eine dunkle Färbung besassen, wurden unter dem Mikroskope untersucht. Sie liessen erkennen in

Nr. 1 feine Pilzfäden — grumöse organische Materie und Kalkspathkrystalle.

Nr. 2. Der Absatz war nicht wie bei Nr. 1 krystallinisch, sondern schleimig, und enthielt Pilzfäden in grosser Menge — Keimkörner — Oxytrichinen — eine Euglena — Baumwollenfäden — Gipskrystalle und Quarzkörner.

Nr. 3. Absatz schleimig — viele Pilzfäden — Oxytrichinen — eine Navicula — Wollfäden — Pflanzenzellgewebe und thierische Abfälle von membranenartiger Beschaffenheit.

Nr. 4. Schleimiger Absatz mit vielen Pilzfäden und einem eigenthümlichen Gebilde, einem Eingeweidewurm ähnlich, auch, jedoch nicht mit voller Sicherheit zu erkennen, halbverdaute Muskelfaser.

Nr. 5. Weniger schleimiger Absatz — Oxytrichinen — Holzsplitter — grumöse organische Materie.

Nr. 6. Absatz wie Nr. 5. — Chilodon cucullus — mit Anilinroth gefärbte Faser — eine Gramineenhülle — verfaultes Holz — Keimkörner — Abfälle thierischer Abstammung, als solche durch ihr Verhalten gegen Salpetersäure und salpetersaures Quecksilberoxid charakterisirt.

Nr. 7. Schleimiger Absatz — viel kohlensaurer Kalk — Oxytrichinen — Uroleptus (?) — Chilodon.

Nr. 8. Absatz krystallinisch — Pilzfäden — kohlensaurer Kalk — Chilodon.

Der Plan für die Ausführung der chemischen Untersuchung war mit Herrn Geheimen Medicinalrath Reinhard dahin festgestellt worden, dass

1. die Gesammtmenge der festen Bestandtheile;

2. die Menge der darin vorhandenen organischen und unorganischen Stoffe;

3. die Menge des Ammoniaks und

4. der Härtegrad des Wassers bestimmt werden sollten.

Dieser Plan wurde angenommen, weil auch an anderen Orten darnach gearbeitet worden ist, und man mit diesem vergleichbare Resultate zu erzielen wünschte. Allerdings konnte man sich nicht verhehlen, dass eine derartige Untersuchung, wenn auch am schnellsten ausführbar, doch in mehreren Puncten nicht genügend sei, um ein möglichst getreues Bild von der Beschaffenheit des Wassers zu geben, und zwar aus folgenden Gründen:

1. Für die Bestimmung der organischen Stoffe in dem Ab-

dampfungsrückstande existirt bisjetzt keine Methode, welche frei von Einwürfen wäre. Die am meisten angewendete besteht darin, den erwähnten Rückstand vorsichtig zu glühen, um die organischen Stoffe zu zerstören und zuletzt dem Kalk, welcher dabei Kohlensäure verliert, seine Kohlensäure wiederzugeben. Schon während des Abdampfens wird aber Chlormagnium zersetzt, und beim Glühen verflüchtigen sich alkalische Chlorverbindungen. Diese Verluste, welche die Genauigkeit des Resultates beeinträchtigen, können durch vorsichtiges Arbeiten auf ein Minimum reducirt werden und dürften in der That im vorliegenden Falle bei der auf die Versuche verwendeten Sorgfalt nicht in Betracht kommen. Sind jedoch salpetersaure Salze in erheblicher Menge im Abdampfungsrückstande, so verlieren diese ihre Salpetersäure und gehen in kohlensaure Salze über. Auch hierdurch wird also ein Verlust verursacht. Wie ich diesen in Rechnung gezogen habe, wird weiter unten angeführt werden

2. Die von Clark zuerst angeregte Bestimmung des Härtegrades durch Seifenlösung gehört zu den sogenannten volumetrischen Methoden. Die Genauigkeit einer solchen hängt nicht allein von der sicheren Wirkung des angewendeten Reagens, sondern auch von der Möglichkeit ab, das Ende der Reaction scharf zu erkennen. Letzteres ist bei der Clarke'schen Methode sicherlich nicht der Fall. Auf die Unsicherheiten derselben ist schon·vielfach hingewiesen worden und ich glaube behaupten zu dürfen, dass es selbst für einen geübten Experimentator schwer ist, mit demselben Wasser in wiederholten Versuchen gleichbleibende und genau übereinstimmende Resultate zu erhalten. Bis jetzt schon weiss man, dass das Vorhandensein von Magnesia, von freier Kohlensäure, dass die Gegenwart grösserer Mengen von Kalk Unrichtigkeiten veranlassen. Wie sich aber die organischen Stoffe dazu verhalten, ist bis jetzt noch nicht Gegenstand besonderer Versuche gewesen. Mir scheint es, dass sie nicht ohne Einfluss sind; Versuche darüber anzustellen, war ich jedoch nicht in der Lage, glaube auch, dass die Methode die grosse Mühe kaum verdient, die man sich schon von verschiedenen Seiten damit gegeben hat und stimme dem Ausspruche Mohr's bei, dass dieselbe zu den „unsichern und schlechten" gehört.

Ich habe aus diesem Grunde nebenbei noch die Menge des Kalks durch Wägung bestimmt.

3. Die Ammoniakbestimmung an und für sich hat nach

meinem Dafürhalten nur einen geringen Werth. Das Ammoniak kommt als doppeltkohlensaures Salz der Regel nach in den Wässern vor und kann in dieser Form und bei der stets nur geringen Menge seines Vorkommens einen nachtheiligen Einfluss auf die Gesundheit ebenso wenig haben, als der Genuss anderer doppeltkohlensaurer Alkalien. Von Interesse kann sie nur sein als Mittel zur Berechnung der organischen Stoffe, durch deren Fäulniss das Ammoniak entstanden ist. Hierzu reicht sie allein jedoch nicht aus. Denn das Ammoniak ist nicht das einzige, aus dem Stickstoff organischer Substanzen entstehende Zersetzungsproduct. Aus ihm bildet sich Salpetersäure, wenn die Bedingungen seiner Oxydation erfüllt sind. Im Wasser ist dies vielleicht nur in geringem Grade der Fall. Um so mehr in den über dem Grundwasser liegenden Erdschichten. Die Salpetersäurebestimmung muss daher mit der des Ammoniaks Hand in Hand gehen, wenn der Zweck der Untersuchung erreicht werden soll, der zugleich dahin gehen muss, durch das Wasser die Beschaffenheit des Bodens kennen zu lernen. Soweit der Wasservorrath es gestattete, habe ich auch diese nach der von Fresenius empfohlenen Methode ausgeführt, und die erhaltenen Zahlen beweisen, dass sie nicht überflüssig ist. In diesen Fällen habe ich dann vorausgesetzt, dass die mit der Salpetersäure verbundene Base in dem geglühten Rückstande als kohlensaures Salz gewogen worden sei. Der Gewichtsverlust, welcher „durch" die Salpetersäure nach Abzug ihres Aequivalents an Kohlensäure verursacht worden war, wurde demgemäss von der Menge der organischen Stoffe in Abzug gebracht und die so erhaltenen Zahlen als „berechnete Menge der organischen Stoffe" aufgeführt. Endlich ist dann noch die der gefundenen Salpetersäure entsprechende Menge an Proteïnstoffen berechnet und angeführt worden.

Ich glaube indessen nicht, dass man als nothwendig annehmen darf, es seien diese Stoffe in dem Wasser zu irgend einer Zeit als solche vorhanden gewesen. Ich halte es vielmehr für wahrscheinlicher, dass dieselben, wenigstens zum grössten Theile, schon während ihres Durchsickerns durch die über dem Grundwasser liegenden Erdschichten oxydirt worden sind. Die Beobachtungen, welche man über künstliche wie natürliche Salpeterbildung gemacht hat, unterstützen diese Voraussetzung. Ueberall nämlich hat man gefunden, dass die Salpeterbildung nur bis auf geringe Entfernungen von der Oberfläche stattfindet; selbst dann, wenn in den entfernteren Schichten, wie z. B. bei den Mauern oder Haufen der Salpeterplantagen hinreichende Mengen organischer Stoffe vorhanden sind. — Dies deutet darauf hin, dass reichlich und chemisch activer Sauerstoff zur Salpeterbildung erfordert wird, und ein solcher ist in dem Grundwasser kaum noch vorauszusetzen.

Aus den Untersuchungen von Way ist überdies bekannt, dass das Drainwasser stark gedüngtem Boden salpetersaure Salze in „grossen Mengen" entzieht. Nach allem vorher Erwähnten dürfte daher die Anwesenheit von salpetersauren Salzen in Brunnenwassern ganz besonders geeignet sein, auf die Beschaffenheit des Bodens in der Umgebung der Brunnen, d. i. auf das Vorhandensein thierischer Abfälle in demselben schliessen zu lassen.

In dieser Beziehung gewährt endlich die Bestimmung der löslichen Mineralstoffe im Wasser, welche ich gleichfalls ausgeführt habe, und ihr Verhältniss zu den unlöslichen Bestandtheilen einen Anhaltpunct.

In der beifolgenden Tabelle, welche alle in der vorliegenden Untersuchung erlangten Resultate übersichtlich zusammengestellt enthält, ist die grosse Menge löslicher Bestandtheile in mehreren Wässern sehr auffällig und lässt sich, wie mir scheint, nur aus einer starken Düngung des Bodens mit Jauche erklären, soweit nicht etwa gar ein directes Einsickern derartiger Flüssigkeit in die Brunnen stattfindet. Dass ein solches in einzelnen Fällen nicht ausgeschlossen ist, beweist die mikroskopische Untersuchung.

Dresden, im Januar 1866.

W. Stein.

Alle Zahlen dieser Tabelle, mit Ausnahme der Härtegrade, beziehen sich auf 10,000 Theile Wasser.

| Nummer der Wasser-probe. | Gesammt-menge der festen Stoffe. | Menge der Stoffe | | | Menge der organischen Stoffe. | Berechnete Menge der organischen Stoffe. | Menge des kohlen-sauren Kalkes. | Menge der unlöslichen Magnesia-verbindungen, Kieselerde etc. | Menge des Ammoniaks. | Menge der Salpeter-säure. | Aequivalent der Salpeter-säure an Proteïn-stoffen. | Härtegrade | |
		unorgani-sche.	darin vor-handene unlösliche.	lösliche.								aus dem Kalk berechnet.	durch Seifen-lösung gefunden.
1	6,140	4,660	2,675	1,985	1,480	1,380	1,020	1,655	0,0087	0,170	0,308	5,7	5,4
2	4,143	2,940	1,731	1,214	1,203	1,058	1,250	0,481	0,0035	0,240	0,430	7	6,8
3	4,120	3,080	2,250	0,830	1,040	0,845	1,710	0,540	0,0010	0,330	0,602	9,6	5,9
4	7,680	7,060	2,665	4,495	0,620	0,250	0,450	2,215	0,0350	0,450	0,819	2,5	4,8
5	7,240	7,080	2,940	4,140	0,160	—	0,650	2,290	0,0200	—	—	3,6	5,1
6	2,420	1,780	0,890	0,890	0,640	—	0,770	0,120	0,0040	—	—	3,5	5,2
7	14,100	11,670	4,090	7,580	2,430	—	1,540	2,550	0,0015	—	—	8,6	6
8	8,840	6,940	2,930	4,010	1,900	1,750	2,230	0,700	0,0320	0,240	0,308	12,5	8